U0623712

读客文化

华与华
超级符号案例集4

华杉　华楠　著

同一个创意套路仍诞生上百个经典案例，22年来不断助力各行业打造超级品牌

江苏凤凰文艺出版社
JIANGSU PHOENIX LITERATURE AND
ART PUBLISHING

图书在版编目（CIP）数据

华与华超级符号案例集 . 4 / 华杉 , 华楠著 . -- 南京：江苏凤凰文艺出版社 , 2023.9（2025.9 重印）
ISBN 978-7-5594-7881-8

Ⅰ . ①华… Ⅱ . ①华… ②华… Ⅲ . ①企业管理 - 案例 - 中国 Ⅳ . ① F279.23

中国国家版本馆 CIP 数据核字 (2023) 第 131991 号

华与华超级符号案例集 4

华 杉　华 楠　著

责任编辑	丁小卉	
特约编辑	李思语　　王雨欣　　李文结	
封面设计	吴 琪　　江冉滢	
责任印制	刘 巍	
出版发行	江苏凤凰文艺出版社	
	南京市中央路 165 号，邮编：210009	
网　　址	http://www.jswenyi.com	
印　　刷	河北中科印刷科技发展有限公司	
开　　本	890 毫米 ×1270 毫米 1/32	
印　　张	12.75	
字　　数	131 千字	
版　　次	2023 年 9 月第 1 版	
印　　次	2025 年 9 月第 2 次印刷	
标准书号	ISBN 978-7-5594-7881-8	
定　　价	99.00 元	

江苏凤凰文艺版图书凡印刷、装订错误，可向出版社调换，联系电话：010-87681002。

目　录

四只猫咖啡

一个超级符号多个品牌定位，华与华抖音电商标杆案例

SKG
流量平衡 安全经营

鲜啤30公里
建立新品牌，先找华与华——从0到1，品牌上场不走弯路

丰茂烤串

品牌定型，企业定心——成为行业领导品牌，从超级符号开始

小葵花儿童药

完整代表华与华方法的完整案例

新潮传媒
B2B企业建立品牌之道——让顾客上门

天猫养车
所有的胜利都是价值观的胜利！让诚实透明成为企业最大竞争力

道真

超级符号引爆城市品牌

CAT FOUR COFFEE

四只猫咖啡

— 云南高山咖啡 —

ORIGINAL YUNNAN COFFEE EST.1892

华与华超级符号案例点评语

华 杉
华与华营销咨询有限公司创始人

我最痛恨很多客户有永远也战胜不了的"自卑"，一些地方企业不愿意说自己的家乡，觉得不上档次。所以，四只猫这个案例做得我非常"解恨"。我们打出"云南咖啡好"，在成功之后，以前那些不承认自己是云南咖啡的，个个都跳出来说它也是云南咖啡，但这个时候，后面一句话"认准四只猫"就管用了。

之前别人老说华与华做线下厉害，做线上就没有那么厉害了。但我们在四只猫这个项目上，不仅做出了突出的成绩，让企业业绩翻了两倍，还把企业社会责任和企业战略相结合，提出"让中国人民喝上货真价实的云南好咖啡"，为企业一举扎下"事业母体"的根；用"云南咖啡好，认准四只猫"的品牌谚语，为企业一举扎下"文化母体"的根。

这不仅让企业有了发展，同时还为响应乡村振兴、助力区域经济发展做出了贡献，这确实获得了最符合我们价值观的胜利。

如果要提醒一点的话，就是我个人对互联网平台，还是怀着深深的警惕。我觉得流量平衡和经营安全，可能是四只猫下一步的主题。

四只猫咖啡
一个超级符号多个品牌定位，华与华抖音电商标杆案例

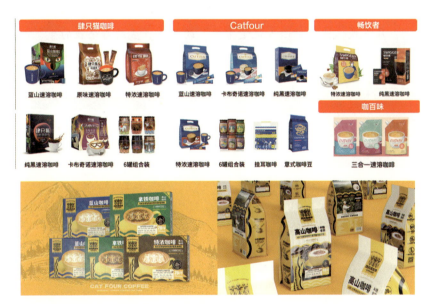

▲ 老四只猫VS新四只猫

　　2021年6月，四只猫咖啡找到华与华合作时，还不叫"四只猫"，当时有三个品牌，肆只猫、Catfour、畅饮者，主营三合一速溶咖啡，以天猫、京东等传统电商为主要销售渠道。

从创立之初，四只猫就一直坚持超级性价比的定价策略，通过原材料采购的规模效应和自建全自动智能工厂，创造总成本领先优势，打造超级性价比产品。

由于市场竞争十分激烈，再加上过去没有建立起品牌，他们陷入了无法掌握流量主权和定价权的困境；并且传统电商流量越买越贵，依赖价格优势进行销售，便没有其竞争优势了。

甚至因为平台潜规则中所谓的"品牌调性不足"，被降权限流，一度想买流量但钱都花不出去，月营收连续4个月下跌，这种"陷入流量牢笼"的状态，威胁着企业的生命线。

引　言

在华与华价值观中，做企业，就要做到不可撼动。不可撼动不在于规模的大小，即使只有1个亿，出现惊涛骇浪也卷不走我这1个亿。做企业即便做到1000亿，一根稻草也有可能把它压垮了。就像王阳明说的"哪怕只有四两，也是百分百纯金"，你不要搞到8000斤、10 000斤，但都是破铜烂铁。

因此华与华为企业制定战略，想要达到的目标就是帮助企业实现不可撼动。我们希望通过华与华方法，帮助企业扎下两条根：企业战略要扎下事业母体的根；品牌资产要扎下文化母体的根。

华与华为四只猫洞察到"云南咖啡与消费者间信息不对称，导致没有定价权、咖农弃咖种菜"的社会问题，提出"让中国人民喝上货真价实的云南好咖啡"，一举为企业扎下"事业母体"的根，开凿出流量的根本源泉；用"云南咖啡好，认准四只猫"的品牌谚语和"四只戴着咖啡豆的云南瓦猫"的超级符号，一举为企业扎下"文化母体"的根；用云南文化重塑咖啡这一全球品类，激活五个市场；并用一个超级符号统领多个品牌定位，带教企业从0到1破局抖音，让四只猫成为响应乡村振兴、助力区域经济、被国务院发展研究中心市场经济研究所邀请交流的中国电商标杆案例。

华与华助力四只猫企业内部生态联通抖音生态，成为抖音生态共同体，效率得以呈几何倍数的提升，使四只猫从生意失速点到如今合作18个月以来每月连续增长，实现合作一年后单月营收增长503%，全年营收增长252%，营业额突破4.3亿元，全面成长为抖音品类第一品牌。

第一章

文化母体与事业母体：
为企业立命，为品牌定型，改完就赚钱

1. 扎下事业母体的根，建立品牌的根基。

四只猫项目首先要解决的课题就是"如何为企业建立品牌，从而掌握流量的主权"。

现代管理学之父德鲁克提出企业社会职能原理：企业是社会的公器，要为社会解决问题。因此能为社会解决问题，能对社会有所回报，才是我们流量的根本源泉。

华与华创立的文化母体品牌理论，背后还有更广泛的事业母体哲学，那就是，谁生我养我？我要回报谁？做企业，当然首先要回报消费者，但是也还有其他需要回报的对象。

（1）四只猫是云南的企业，就是云南的人，就得为云南咖啡解决社会问题。

云南咖啡的问题首先是文化自卑的问题：其实中国95%以上的咖啡豆都产自云南，但许多品牌都主动或者被动假装自己用的是"洋咖啡豆"，只字不提咖啡豆来自云南，而是强调"采用阿拉比卡豆"。实际上，阿拉比卡是世界三大咖啡品种之一，产量占全球的60%。而云南正是中国最大的阿拉比卡豆产地。

云南咖啡甚至被"出口包装转内销"，云南咖啡协会会长李晓波曾说："云南咖啡常被低价出口海外，被国外咖啡企业包装贴牌后再高价卖回中国。"

长久的信息不对称导致了社会问题，云南咖啡过去30年只能为他人作嫁衣，被国际大采购商掌握定价权。报道显示，一杯35元的咖啡，到云南咖农手里只有2毛钱，整整175倍差价。火爆的咖啡赛道背后，咖农赚不到钱，不得不弃咖种菜。

四只猫咖啡因为云南得以发展，也理应让云南咖啡发扬光大。云南咖啡的经济发展和云南咖农的劳动价值，就是四只猫的事业母体，也是四只猫品牌的根基。

四只猫咖啡董事长陈莎曾说："中国的咖啡基本都是云南供的，好的咖啡其实并不贵。我就想做点平价的东西，咖啡在外国就是平价的东西、老百姓的东西，没想到这样一做，别人反而觉得我们低端。"

四只猫咖啡，首先就是要解决云南咖啡与消费者间信息不对称的问题。项目组提出"云南咖啡好"这样一个事业理论，为云南咖啡正名。

云南咖啡种植区与牙买加、哥伦比亚、埃塞俄比亚等知名产区同处于全球咖啡黄金种植带，高海拔让这里昼夜温差大、日照充足、降水量丰富，使得咖啡果的成熟期更长，从而贮存更多营养物质和丰富风味，滋养出浓香平衡、略带果香的云南咖啡。

而且，做平价的东西其实是企业的一种独特能力。于是，基于四只猫的企业禀赋，项目组提出企业经营使命：让中国人民喝上货真价实的云南好咖啡，让云南咖农过上勤劳致富的美好生活。

（2）所谓经营使命，使命是目的，经营是手段，使命的践行需要由一套独特的经营活动来实现。

四只猫通过一套环环相扣的经营活动，创造了独属四只猫的模式：

- 一个超级符号多个品牌定位，根据抖音生态开创"账号经理制"，一个经理带领一个团队，管理一个账号，每个账号有不同的定位，形成账号矩阵。
- 通过向上游投资、自建工厂，拥有国内独自的3条全自动生产线，三合一速溶咖啡年产量达3万吨，日发货包裹量最高可达20万件。

· 自建AVG智能仓储，在效率不变的前提下，仓库面积节省四分之三。

· 线上全平台电商直营模式，经营成本更低。

· 有限的产品结构，款少量多，大规模采购带来成本优势。

· 采取超级性价比的定价策略，既让利消费者，又有效阻挡新进入者的威胁。

· 引进丰田精益生产，库存周转率实现3天一次。

· 率先带咖农上包装，帮助咖农建立个人品牌，未来实现指定咖农购买，为咖农创收。

项目组建议四只猫暂时舍掉咖啡豆、挂耳咖啡等产品线，将企业资源集中到速溶咖啡品类。四只猫最终实现创造独特的价值、总成本领先和竞争对手难以模仿，并且具备践行经营使命的能力。

2. 回到文化母体，让品牌一夜之间获得母体能量，被亿万消费者所熟悉。

事业母体是企业的根系，而这棵树想要长大，还需要土壤。这土壤就是文化母体，就是云南文化。

品牌自信首先是民族自信，文化自信，特别是家乡自信。我们首先替云南喊出了一句话："云南咖啡好！"四只猫立志要成为云南咖啡代表作，也要让云南咖啡通过四只猫的事业走向世界，所以我们又加上了一句："认准四只猫！"华与华将企业的发展与地方的文化紧紧结合在一起，为企业立命。

更进一步，项目组在文化母体中找到了云南的非物质文化遗产符号：瓦猫。瓦猫是云南传统的一种镇宅神兽，在过去，云南家家户户都会在屋顶正上方安置瓦猫，祈求辟邪纳福，这一习俗至今仍然被当地许多地区保留和传承。

项目组将猫咪项圈上经典的铃铛替换成咖啡豆，传达品类价值，完成私有化改造；并且将过去的"肆只猫、Catfour、畅饮者"三个品牌统一为"四只猫"，最终实现超级符号和品牌名能互为所指，彻底降低品牌的识别、记忆与传播成本。

有了四只瓦猫的超级符号，我们就将云南文化装进了品牌里。品牌寄生进文化母体，就有了奠定百年的品牌资产，因为品牌文化的最高境界就是成为地方文化，最终成为文化遗产品牌。

3. 建立"云南高山咖啡"新品类，品牌升级拉动年营收增长252%。

四只猫咖啡如何推广云南咖啡、云南文化呢？

首先，当我们站在世界的角度来看云南咖啡，它只是53个咖啡原产地之一，云南咖啡很好，但缺少独特的价值。对于食品酒水来说，产地仍然是最重要的独占性资源，产地也需要有独特价值的品类品牌，比如提到茅台就是茅台酒，提到波尔多就是法国葡萄酒，提到苏州就是阳澄湖大闸蟹。

盘点全球上千个咖啡产区后，项目组有一个重大发现：世界上最著名的咖啡产区都拥有一座海拔很高的高山；而世界上最好的咖啡，往往都产自这座海拔很高的高山，比如蓝山咖啡、耶加雪菲咖啡等。

而云南省地理位置得天独厚，坐拥海拔800～1800米的咖啡产区，借助"海拔高度是影响咖啡质量的重要指标之一"的全球行业共识，项目组提出了云南咖啡新品类——云南高山咖啡！基于这个维度，云南从53个原产地跃升为世界四大高山咖啡核心产区之一。

人们常说企业不能只顾经济效益，还要兼顾社会效益，实际上经营本身就包含了社会效益。华与华的思想高度在于有清晰的社会效益战略，并且能将其与经济效益结合在一起，从而实现罗兰·巴尔特说的"商业动机不应被掩饰，而应被放大，与时代的宏大叙事相结合"。我们有了推广云南咖啡、云南文化的商业动机，同样不应被掩饰。

云南咖啡要走向世界，首先要云南的咖农走向世界。

作为云南咖啡代表品牌，四只猫率先在品牌与产品传播上，将咖农带到人们的视野当中。商品即信息，包装即媒体，我们在企业最大

李光生爷爷，种植咖啡20年，云南省保山市隆阳区芒宽乡烫习村人。年轻时做过小百货，干过摄影，也收过废铜烂铁，最后还是回到山里，种起了咖啡，这一种，就是20年。李爷爷常说："种咖啡，很辛苦的，不是一天两天的活计。种别的东西，到了秋天就能收成，就可以休息一下。但我们种咖啡，3年是打底的，采摘就得盯4个月，只有果子全红时才可摘下。和咖啡打了20年交道，这20年，都在这颗豆子里了，咖啡的好坏，瞟一眼就知道。"

▲ 咖农上包装

的广告位——包装上，为消费者讲述每一位咖农的故事，让顾客感受到手中咖啡的人文温度，未来实现指定购买，为咖农增收。

项目组用全新的符号系统、话语体系重塑四只猫的所有产品，贡献年营收增长2.3亿元；2022年3月，四只猫完成全新品牌升级，拉动年营收同比增长252%。

带咖农的包装，也让四只猫一下子跳出货架，从此大家知道这个行业里有一家叫四只猫的云南咖啡品牌，完成品牌定型。

第二章

带教企业7个月，
从0成长为抖音品类第一品牌

1. 用华与华方法做抖音：用哲学级洞察，找到原理级解决方案，揭秘99%的企业都会走的弯路。

文化母体与事业母体，为企业立命，实现"品牌定型，流量越狱"，可眼见传统电商流量越来越少，该如何帮助企业实现持续增长？

华与华的价值观是：宁可不作为，绝不乱作为。我们强调，有了哲学级的洞察，才能拿得出原理级的解决方案。

因此在抓住内容撬动流量的机会，压倒性投入抖音这一层面达成共识后，项目组并没有一上来就给四只猫出具体创意，而是做了底层逻辑的培训，因为传统电商和兴趣电商，底层逻辑完全不同。

很多传统企业，把抖音当视频版的公众号用，企业新闻、活动宣传都往上发，结果钱没少花，流量却越做越差；也有很多电商企业，以为抖音就是个视频版的淘宝，上来就买流量，参加挑战赛、超品日，结果曝光数据挺漂亮，却没有成交转化。

做好抖音首先要"戒贪"：抖音底层逻辑就是滚雪球机制，只滚同样标签的人群。

这些乱动作、废动作，都是因为没有掌握抖音流量算法的底层逻辑：标签人群。从注册账号开始，抖音就会为用户的一切操作打标签，基于内容偏好和购买偏好，消费者被分为八大标签人群。

	精致妈妈	都市银发	都市蓝领	新锐白领	资深中产	Genz	小镇青年	小镇中老年
基础属性	25~35岁	50岁以上	25~35岁	25~35岁	36~50岁	24岁以下	35岁以下	35岁以上
	三线及以上	三线及以上	三线及以上	三线及以上	三线及以上	三线及以上	四线及以下	四线及以下
	高线城市	高线城市	高线城市	高线城市	高线城市	高线城市	城市乡镇	城市乡镇
	高消费水平	中等消费水平	较低消费水平	高消费水平	高消费水平	中等消费水平	较低消费水平	较低消费水平
类目偏好	生鲜	酒	饮料冲调	酒	酒	休闲零食	酒	酒
	营养品 休闲零食	生鲜 乳制品	酒 生鲜	饮料冲调 粮油米面	营养品 饮料冲调	饮料冲调 粮油米面	饮料冲调 粮油米面	乳制品 生鲜
	代餐	粮油米面	休闲零食	休闲零食	酒	酒	休闲零食	休闲零食
	饮料冲调	饮料冲调	粮油米面	生鲜	乳制品	乳制品	生鲜	粮油米面
	乳制品	休闲零食	乳制品	营养品	代餐	代餐	营养品	饮料冲调
	粮油米面	营养品	营养品	代餐	生鲜	营养品	代餐	代餐
	酒	代餐	代餐	乳制品	休闲零食	生鲜	乳制品	营养品

同理，作为商家，你发的每一个视频、每一个商品链接，抖音都会记录下来哪类人群更感兴趣，然后不断地把你的内容推送给这类标签人群；如果你发的东西太杂，吸引各种各样的人群，系统就无法判断谁更爱看你，就会混乱，最后就只能不给你推流，账号就死了。

所以，抖音账号运营的核心就是要让我们的"抖店、账号、短视频、直播间"的人群标签全部保持一致，标签越准，流量越多，反之标签混乱，流量自杀。

但许多品牌做账号矩阵规划，就是为了区分经销商。那正确的做法应是什么？一个账号就是一个标签人群，如果说你想覆盖不同人群，就要多个账号，而不是妄图用一个账号去收割多个人群。

2. 一个超级符号多个品牌定位，四只猫开创"账号经理制"，成为抖音生态共同体。

在理解了以上抖音底层逻辑后，项目组从哪里开始入手？不是从营销手段开始，而是从四只猫企业的组织架构开始。

因为我们不仅要和抖音建立利益共同体，更要从组织和文化上建立起一个共生体。组织架构调整后，四只猫企业内部的生态就联通了抖音的生态，达到孔子所说的"从心所欲，不逾矩"的状态，四只猫在抖音上的发展就成为顺水推舟的事，而不是企业天天都得去适应平台。

1927年，宝洁公司研发并开始销售佳美牌香皂，尽管各个环节都非常努力去做了，也投入了大量的广告费用，但销售业绩一直不理想。公司通过研究发现，由几个人负责同类产品的各个环节，不仅造成人力与广告费用的浪费，还容易令各个环节脱节，产生了大量的浪费。

由此，宝洁在全球率先开创"产品经理制"，让产品经理对产品销售进行全方位的计划、控制与管理，减少人力重叠、广告浪费和顾客遗漏，提升一个或多个品牌在整个公司利润中的比例，进而提升宝洁的整体竞争力。这就是从组织架构上解决营销效率问题。

进入抖音时代，媒介传播的机制变了。过去是所有人看到同一媒介的同一传播内容。现在抖音将人群分为八大标签，这意味着一个标签就是一个传播渠道，并且小镇中老年人群不会看到精致妈妈人群的内容。这就反过来要求企业要在不同的渠道传播不同的内容，进行不同的品牌账号定位。

四只猫由此开创"账号经理制"，一个经理负责一个账号，一个团队负责完整的4P，形成同一品牌、不同品牌定位的账号矩阵。即每个账号都针对不同的标签人群，做不同的品牌定位，但它们都共享同一个超级符号的流量。

所以进入抖音时代，不再是传统的锁定一个品类，搞一个品牌定位，而是一个超级符号统领多个品牌定位。

在"四只猫"超级符号和云南原产地战略的统领下，针对不同的标签人群，华与华为四只猫做了三个品牌账号定位：

定位工厂型账号，侧重账号和直播间展示工厂内容，吸引更信赖"原厂直发"的小镇青年；

定位促销型账号，侧重营造限时大促的热卖氛围，吸引爱精打细算、爱便宜的小镇中老年；

定位主题型账号，侧重根据营销日历更换主题，吸引对精致生活有着美好想象的都市蓝领。

这三大账号由三位优秀的账号经理负责，并且配置对应的短视频、直播和运营团队。这样每个品牌定位团队下的人，就能越来越熟练，对负责的人群认知越来越深入，效率越来越高。

2022年仅这三个账号，就贡献了近3亿元的营收，比2021年全渠道总和增长了76%。

工厂型账号：吸引小镇青年　　　　促销型账号：吸引小镇中老年　　　　主题型账号：吸引都市蓝领

3. 一个超级符号多个品牌定位，不是特劳特的心智定位，而是迈克尔·波特的战略定位，通过一套独特的经营活动，使库存周转率达到3天一次。

华与华提出的品牌定位，并非特劳特式定位。华与华一直旗帜鲜明，反对特劳特式定位，即通过所谓"投入足够的传播资源"，去"占领消费者的心智"，消费者就会都买他的东西。

首先，根本就不存在"足够的传播资源"。所谓"足够"，就是到赌赢或输光为止，就是一场豪赌，赌赢了以为是自己战略正确，赌输了就大伤元气。

其次，消费者心智的占领不是一劳永逸的，而是需要不断占领，否则你广告一停他就把你忘了。

最后，如果持续投入所谓"足够的传播资源"，则几乎没有任何生意的回报可以承担这么大的传播成本。

华与华从不去臆断消费者的心智问题，因为消费者心里想什么，只有消费者自己知道。华与华研究的是在符号和话语上做刺激反射的行为主义操作。

比如"爱干净，住汉庭"的成功，不是因为"干净"定位，如果改成"汉庭，干净酒店专家"，就不起什么作用。

成功的真正原因在于，它是一句来自生活中循环往复的文化母体的购买理由。我们从小就被大人教育要"爱干净"，这是几十年训练的条件反射，一出来所有人都会听，是一门高超的修辞技术。

华与华的定位是迈克尔·波特的"战略定位"。战略定位不是定了位去执行，而是执行本身，在执行的过程中形成一套独特的经营活动的组合。四只猫的"账号经理制"正是一套环环相扣的经营活动中的重要组成部分，因此它才能实现库存周转率达到3天一次。

4. 针对不同账号定位，用华与华文案逻辑设计短视频脚本，同时创意流水线首次导入华与华客户，一年批量生产20 000条短视频。

有了一个超级符号多个品牌定位之后，接下来就要针对不同的品牌定位去吸引和转化不同的人群，即解决怎么赚钱的问题。

华与华把抖音销售的终端货架分为短视频和直播间。

持续产出爆款带货短视频的关键有两点，第一点叫"3秒完播率"，第二点叫"内容预制件"。

抖音短视频的核心指标是"3秒完播率"，也就是刷到视频的人看完前3秒的比率，如果这个数据差，很难进入下一个流量池。咖啡行业的平均3秒完播率是多少呢？27%。

而华与华为四只猫连续创作出高达83%的3秒完播率的原理级的方法，就叫作激活母体行为。一个账号等于一个标签人群，而一个标签人群就等于一系列母体行为的集合。

项目组用华与华的文案写作逻辑，为四只猫输出短视频脚本的结构。以主题定位为吸引都市蓝领的账号为例，在下面这条视频里，项目组找到了一个母体行为，就是蓝领"偶尔小资一下，会去咖啡馆喝咖啡"。这是一个随时随地都在发生的特定场景，是循环往复的真实日常。

为了让蓝领感兴趣，短视频的背景用了"小咖啡馆的装修"，有磨豆机、烘豆机、咖啡机等这些道具来装点场景，并且演员也打扮成一个咖啡师的样子，就连冲咖啡用的都是专业的手冲壶。有了这些之后，主角他应该说什么呢？

文案第一句："咖啡啊，真的没有必要到外面去喝"，"价格贵不说"，"还得花时间排队"。

在前3秒的电光石火间，就让蓝领消费者们产生"与我有关"的感觉。曾经去过咖啡馆的记忆就会马上被激活，认为我们讲的内容跟他自己有关，从而停留，这个状态就叫作母体被激活了。所以，这条视频，带货300万销量，商品链接销售额5954万元。

　　又比如这条卖货百万级的视频，账号定位是工厂型，吸引信赖工厂直发的小镇青年，因此视频场景是工厂流水线，咖啡是装在箱子里面的。

　　文案第一句是"这人过了30岁啊，就别再喝奶茶和碳酸饮料了"，就这么一句话，就让那些即将度过30岁、爱喝奶茶、爱喝碳酸饮料的人，注意力一下就被激活了。

　　我们所有的短视频都是应用了激活母体行为的创作技术，使其3秒完播率都遥遥领先于行业水平。

　　但在抖音，光是这样还不够。因为一条爆款带货视频平均只有7天的生命周期，想要维持稳定的销售增长，就需要具备持续的、批量产出视频的能力。我们一起来看短视频的第二个关键点："短视频量产内容预制件"。

项目组设计了短视频量产内容预制件，把每一个账号定位下会用到的内容拆解，设置成百上千个预制件，并且给每一个预制件都标上编号，用流水线的思维来批量创作短视频内容脚本。

项目组将内容分为五个维度，即激活母体、产品特性、购买理由、销售利益点、购买指令，在每个维度下都有几百个被编号的文案内容和视觉内容。

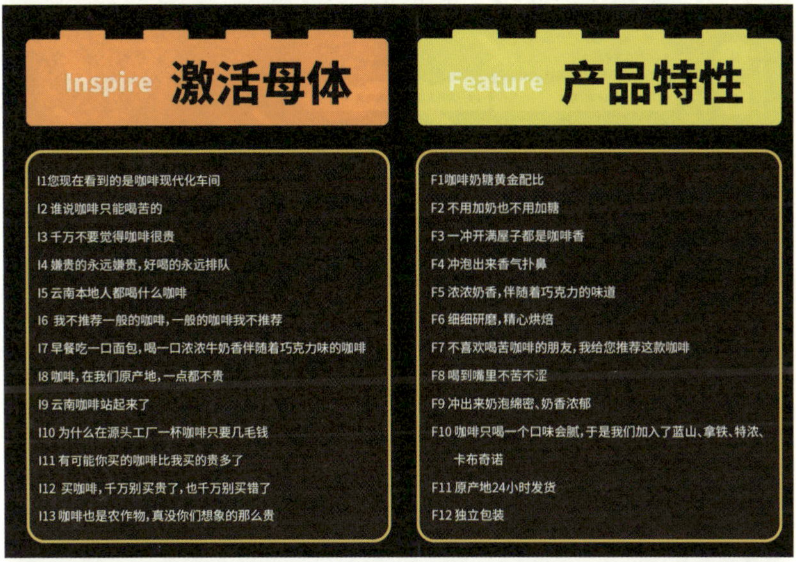
Inspire 激活母体
I1您现在看到的是咖啡现代化车间
I2 谁说咖啡只能喝苦的
I3 千万不要觉得咖啡很贵
I4 嫌贵的永远嫌贵，好喝的永远排队
I5 云南本地人都喝什么咖啡
I6 我不推荐一般的咖啡，一般的咖啡我不推荐
I7 早餐吃一口面包，喝一口浓浓牛奶香伴随着巧克力味的咖啡
I8 咖啡，在我们原产地，一点都不贵
I9 云南咖啡站起来了
I10 为什么在源头工厂一杯咖啡只要几毛钱
I11 有可能你买的咖啡比我买的贵多了
I12 买咖啡，千万别买贵了，也千万别买错了
I13 咖啡也是农作物，真没你们想象的那么贵
Feature 产品特性
F1咖啡奶糖黄金配比
F2 不用加奶也不用加糖
F3 一冲开满屋子都是咖啡香
F4 冲泡出来香气扑鼻
F5 浓浓奶香，伴随着巧克力的味道
F6 细细研磨，精心烘焙
F7 不喜欢喝苦咖啡的朋友，我给您推荐这款咖啡
F8 喝到嘴里不苦不涩
F9 冲出来奶泡绵密、奶香浓郁
F10 咖啡只喝一个口味会腻，于是我们加入了蓝山、拿铁、特浓、卡布奇诺
F11 原产地24小时发货
F12 独立包装

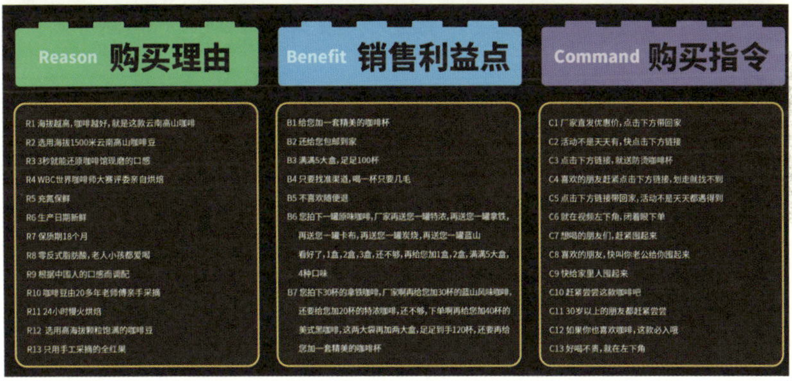
Reason 购买理由
R1 海拔越高，咖啡越好，就是这款云南高山咖啡
R2 选用海拔1500米云南高山咖啡豆
R3 3秒就能还原咖啡馆现磨的口感
R4 WBC世界咖啡师大赛评委亲自烘焙
R5 充氮保鲜
R6 生产日期新鲜
R7 保质期18个月
R8 零反式脂肪酸，老人小孩都爱喝
R9 根据中国人的口感而调配
R10 咖啡豆由20多年老师傅亲手采摘
R11 24小时慢火烘焙
R12 选用高海拔颗粒饱满的咖啡豆
R13 只用手工采摘的全红果
Benefit 销售利益点
B1 给您加一套精美的咖啡杯
B2 还给您包邮到家
B3 满满5大盒，足足100杯
B4 只要找准渠道，喝一杯只要几毛
B5 不喜欢随便退
B6 您拍下一罐原味咖啡，厂家再送您一罐特浓，再送您一罐拿铁，再送您一罐卡布，再送您一罐炭烧，再送您一罐蓝山
看好了，1盒，2盒，3盒，还不够，再给您加1盒，2盒，满满5大盒，4种口味
B7 您拍下30杯的拿铁咖啡，厂家啊再给您加30杯的蓝山风味咖啡，还要给您加20杯的特浓咖啡，还不够，下单啊再给您加40杯的美式黑咖啡，这两大袋再加两大盒，足足到手120杯，还要再给您加一套精美的咖啡杯
Command 购买指令
C1 厂家直发优惠价，点击下方带回家
C2 活动不是天天有，快点击下方链接
C3 点击下方链接，就送防烫咖啡杯
C4 喜欢的朋友赶紧点击下方链接，划走就找不到
C5 点击下方链接带回家，活动不是天天都遇得到
C6 就在视频左下角，闭着眼下单
C7 想喝的朋友们，赶紧囤起来
C8 喜欢的朋友，快叫你老公给你囤起来
C9 快给家里人囤起来
C10 赶紧尝尝这款咖啡吧
C11 30岁以上的朋友都赶紧尝尝
C12 如果你也喜欢咖啡，这款必入哦
C13 好喝不贵，就在左下角

就像拼积木一样，每一个预制件就是一块积木，通过不同的组合，就能立刻形成不同的脚本。而每一个脚本都会被我们专业的运营人员用于投测和分析，从每一秒的反馈来给预制件评分，3秒完播率高的内容，标记一下，跳失率高的内容，立刻灰掉再也不用。通过这种方式，不仅容易出爆款，更重要的是可以批量产生爆款。

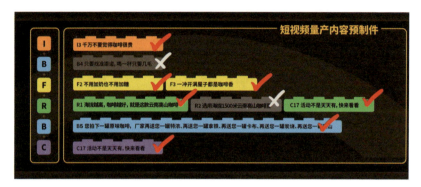

▲　以工厂型账号为例

如今，四只猫咖啡的账号中能一年批量生产超20 000条视频，不仅有数量，爆款率也遥遥领先行业水平。

5. 一场直播就是一场戏，按秒来设计，90秒一循环。

除了短视频，直播间是四只猫另一个战略级销售终端。

许多企业做品牌直播有一个误解：认为需要有一个天才主播，才能做大生意。李佳琦、董宇辉这样的主播可遇不可求，也不具有可复制性，华与华做创意，永远追求可复制的创意，这样才有可复制的成功。

因此四只猫做直播间，仍然回到原点思考：直播间购物的母体是什么？往近了说是电视购物，往远了说，和几千年街边练摊儿的、叫卖的，其实也是一回事，只不过观看的媒介变了，从空气变成了电视，又从电视变成了手机。

但直播间的本质没有变，都是一出戏，一出"走过路过不要错过"的戏。

既然是戏，我们就需要设计台本，包括话术、主播的动作手势、气氛组的互动、屏幕上的组件，甚至连公屏的互动留言，都在台本里，不论发生什么，都按台本演，目标是实现按秒控制"演出效果"。

传统直播间卖货都是靠聊天，有很多临场发挥，所以对主播的水平就要求很高。节奏容易乱，销售也不见得稳定，有时候卖得好，有时候卖得差。因此项目组根据四只猫直播间的平均停留时长，设计了"90秒话术循环台本"，每90秒完成一次"三个购买"的循环：

- **提供购买理由**："货真价实的云南高山咖啡"。
- **给出购买指南**："1号链接有蓝山、拿铁、特浓、卡布四种口味"。
- **下达购买指令**："现在下单就送杯子，原产地加急发货"。

就这90秒的内容，这出戏一直说、不间断地重复演，这样不管观众什么时候进来，我们都能发起卖货的进攻。

比如四只猫促销型定位的账号，吸引精打细算的小镇中老年人群，所以就用了大卖场的一个视觉风格。而主播就是一个热情好客的超市导购员，从视觉到话术都符合这个标签人群记忆里面大卖场的感觉。她不需要有很好的口才，只需要在这90秒里车轱辘话一直说，说得越多越熟练，越熟练就越能卖货。

▲ 四只猫直播间截屏

通过台本作业的方式，四只猫现在已经批量复制了6个直播间、24名主播，有4个直播间达成了单日百万GMV的纪录，最终做到了抖音渠道接近5亿元的销售额，咖啡类目第一品牌。这就是即使我们用最普通的主播，仍然能做到行业第一的秘诀。

6. 生成全行业第一张抖音运营业务流程全景图，如今生产效率跟不上创意效率。

经过一年多的打磨，华与华和四只猫一起总结出了全行业第一张抖音运营业务流程全景图，对照流程，初步实现了新人入职3天就能上手，打下了"复制成功"的基础。

乃至目前四只猫的货不够卖，生产效率已经跟不上创意效率。

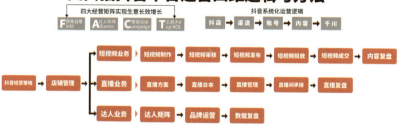

四只猫抖音平台运营四维逻辑与方法

7. 为抖音渠道开发产品，实现"母体—品牌账号定位—购买理由"三位一体。

　　过去，很多企业只是把抖音作为品牌传播的推广阵地，其实，抖音本身也是销售渠道。为渠道开发产品，是营销中的重大课题。基于一个超级符号多个品牌定位，项目组还能根据账号定位开发不同产品。

　　那如何为抖音渠道开发产品呢？项目组用华与华创意研发8步走：

　　第一步：看本品，看货架。通过拉取电商平台数据，项目组发现主推"饱腹感强，有助于燃脂"的黑咖啡是近几年速溶咖啡中销量最好的产品品类。

　　第二步：定价值，找母体。黑咖啡本身有促进新陈代谢的功效，并且0糖0脂，符合健身人群"控糖"的诉求，这时我们要放大产品价值；同时项目组洞察到，在健身、瘦身等强调自律的人群之中，有着进行"7天、21天、90天打卡"的习惯，"打卡"是一个巨大的母体行为。

　　第三步：创意购买理由。基于母体行为，项目组创意"21天0糖打卡黑咖啡"，提出"1天2杯，打卡21天"的购买指南。

第四步：产品命名。产品就是购买理由，项目组直接将产品命名为"21天0糖打卡黑咖啡"。

第五步：用包装放大购买理由。项目组发现，电商平台上销售最好的黑咖啡产品头图，往往都会在产品旁放上一张腹肌照，消费者通过"腹肌"符号，购买"拥有腹肌"的想象。于是项目组直接在包装正面上放大人体曲线符号，背面放大打卡表，从而放大购买理由。

第六步：文案快速罗列证据。在包装上设计了"0蔗糖、0脂肪"icon等信息，支撑购买理由。

第七步：给出购买指令。21天0蔗糖打卡，轻松建立好习惯。

第八步：清理设计垃圾。

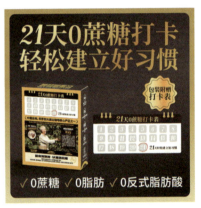

原本主要销售的是一盒20杯的规格，创新购买理由后，就能主推42杯一盒的规格，有了这个母体行为，第一个月就卖了快1000万元，为品牌扎下第二个金角，不仅卖得更好，还卖得更多。

更进一步，华与华为四只猫规划了50亿元产品价值版图，也是未来我们产品战略的行军路线图。

第三章

回到母体，成为母体，壮大母体

在重塑四只猫品牌和帮助四只猫重构抖音流量之后，接下来要做的是继续深耕事业母体，建立四只猫品牌文化，帮助四只猫建立不可撼动的行业地位。

在华与华看来，品牌分为两种：有文化的品牌和没文化的品牌。在一个行业里，只有少部分品牌能理解文化，进而拥有文化。要理解品牌文化，就要理解华与华"文化母体四部曲"——寻找文化母体，回到文化母体，成为文化母体，壮大文化母体。

四只猫从云南文化母体中来；通过由"云南咖啡好，认准四只猫"统领的话语体系、符号系统、产品结构回到云南文化母体中去；通过销售更多的产品，传播更多的原产地故事，成为文化母体的一部分；四只猫还要继续通过经营活动，壮大云南文化母体。

生意不只是企业的生意，更是一方百姓的生计。2022年12月，四只猫和云南省农业农村厅、普洱市政府等单位一起，举办了第一届云南普洱高山咖啡采摘节，庆祝咖啡丰收，为中国咖农造节。

我们邀请了100位全国各地的咖啡师，携手100位云南本地的咖农，举行全球首次同时冲煮100杯咖啡的比赛；邀请了其他三大知名产区的咖农，与云南本地咖农进行直播互动，让云南咖农登上世界舞台。这次活动使人真切地感受到了云南文化的能量，也重新认识了云南农民。这是四只猫在云南乡村振兴上，迈出的一小步。

品牌文化的本质，就是人类文化，我们要用云南文化，建立云南品牌。和国际行业巨头比起来，四只猫目前规模还小，但志向很大，未来四只猫咖啡将立足于全球，推广中国云南的咖啡文化，让云南咖啡走向世界，教会全世界的所有人都说一句："云南咖啡好，认准四只猫！"

（一）华与华的母体哲学

华与华方法中寻找文化契约、寻找超级符号的方法，就是文化母体四部曲：寻找母体，回到母体，成为母体，壮大母体。

第一步，寻找母体：找到一个母体行为或风俗。

第二步，回到母体：使用母体符号。

第三步，成为母体：成为原母体的新母体。

第四步，壮大母体：活进文化母体，成为人类风俗。

华与华运用文化母体理论创造了一个又一个品牌奇迹，如田七牙膏、蜜雪冰城、六个核桃等。其实，在文化母体理论的背后还有着更广泛的母体哲学，那就是"谁生我养我，我就要回报谁"。

四只猫是云南的企业，被云南的咖啡文化滋养而得以发展，那就得为云南咖啡解决社会问题——云南咖啡文化的自卑问题，让云南咖啡发扬光大，经济得以发展。这是四只猫咖啡的事业母体，也是其品牌的根基。

正如德鲁克所说，企业是社会的公器，要为社会解决问题。能为社会解决问题，能对社会有所回报，这才是我们流量的根本源泉。

华与华的文化母体理论不仅存在于企业的品牌建设中，也同样存在于企业的事业理论中。事业理论是企业发展的根系，当它有了母体的土壤，与地方文化紧紧结合，便能为企业立命。有了清晰的事业母体，企业才能有更长远、更扎实的发展。

（二）"五个市场"模型

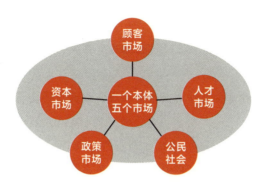

华与华"五个市场"模型

如何让一家企业基业长青，获得可持续的发展？华与华提出了"五个市场"理论。

企业有五个市场，要"一个本体，五个市场"，而不是只有一个顾客市场。要在五个方面降低企业的交易成本，创造更大价值，并且为更多利益相关方创造价值。

顾客市场：成为顾客长期信赖的企业。

资本市场：吸引投资，降低融资成本，提高市盈率。

政策市场：参与行业治理，得到政府支持，能为相关政策和法案的制定建言献策。

人才市场：成为本行业人才向往的公司。

公民社会：成为重要的企业公民，受全社会的信赖和倚重。

四只猫咖啡的原产地战略，是四只猫对经营使命和社会责任的践行，同时也激活了顾客市场、资本市场、政策市场、人才市场、公民社会。

顾客市场：创新云南高山咖啡新品类，借助原产地采购与成本优势、WBC国际咖啡师大赛评委口味研发，为消费者提供"货真价实"的云南好咖啡，成为值得让顾客长期信赖的品牌。

资本市场：吸引更多友商跟进售卖、推广云南高山咖啡，打破市场的信息不对称，吸引更多行业从业者来云南投资，提升四只猫市盈率。

政策市场：推动云南咖啡行业标准的制定，推动云南高山咖啡成为国家地理标志产品，与专家携手制定高山咖啡产品科学与种植标准。

人才市场：云南咖啡代表作，继承云南文化、发扬云南文化，吸引全云南的咖啡、电商从业者，成为让他们向往的公司。

公民社会：咖农上包装、上直播间，通过企业的力量逐步提高咖农的收入，让更多消费者了解云南咖啡，通过"货真价实"的产品，让广大顾客获益，不再花"冤枉钱"。

SKG

华与华超级符号案例点评语

华 杉
华与华营销咨询有限公司创始人

因为华与华要修不败兵法，所以我们最重视的是企业的经营安全。现在有很多企业很快就起来了，却没有能够站得住，特别是一些在网上靠流量迅速成功的产品，成功得越快，增长得越快，它的危险就越大。

SKG实现了从一个线上品牌到一个全渠道经营安全的品牌的转变。这个历程首先是从建立超级符号开始，完成品牌定型。但是当要从线上走到线下的时候，很难！难就难在整个过程渠道成本结构的改变，以及缺乏人手，没有经销商，没有能力去做线下。那么SKG就一步一步地走，从一个展架到一个展柜，然后到专卖店，到旗舰店，这样由小到大，而且每一步都模块化，小模块也能够装到下一步的大模块里面去，整体非常好。还有就是洞察了礼品市场的机会，提出了"科技健康礼，就送SKG"。

可以说，SKG项目组陪伴客户三年，步步为营，成功实现了从线上品牌到线上线下流量平衡的转变，重要的不仅是增长，更是保障了企业的经营安全。

SKG
流量平衡　安全经营

　　SKG成立于2007年，经过10多年的发展，研发了一款颈椎按摩仪，其创新运用脉冲技术，外观设计酷似耳机，让消费者能够通过这样一款时尚有型的产品，随时随地放松脖子。

　　在线上平台的流量红利期，SKG颈椎按摩仪快速成为全网种草、达人明星纷纷推荐的大爆品，企业营收实现了翻倍增长，但也面临着新的问题：

　　越来越多的商家入驻线上平台，流量成了一种资源、一种权利，平台对商家从原来的流量扶持、流量贴补，变成了流量分发、流量竞价，流量成本一天比一天高。如何实现消费者的指名购买，不靠竞价靠品牌？

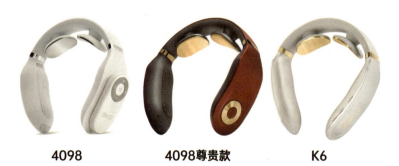

4098　　　　　　4098尊贵款　　　　　K6

▲ SKG按摩仪早期产品

正是带着"建立品牌"的课题，SKG和华与华于2019年达成了合作。

华与华认为，品牌是经营的结果，也是经营的方法论。经营上如果过于依赖某一渠道流量资源，就会存在巨大的经营风险：

1. 渠道流量和品牌方双方处于博弈关系中，容易被强势渠道流量所绑架，议价权掌握在渠道上，品牌经营处于被动。

2. 渠道流量来源过于单一，品牌与其强绑定，如果这一渠道出现问题，品牌则容易陷入系统性风险境地，被一锅端，跟着倒霉。

因此，经营一定要构建多元的流量结构，有了更多的博弈参与方，才有流量的平衡和生长，才有流量生态的繁荣，也才有企业的安全经营。

引　言

在华与华方法中，我们把企业发展阶段分为三个成功：创业成功、企业成功和事业成功。

创业成功是找到或创造了一种市场需求，开发了成功的产品和服务，赢得了市场，干成了事，赚到了钱。

企业成功是巩固和完善了核心能力、经营活动和竞争壁垒，市场地位能够做到不可撼动。企业内部组织稳定，人才济济，具有优良的企业体制，老板志有定向，内心平静，仁者不忧，知者不惑，勇者不惧。

事业成功是成为所在行业的三个代表品牌：代表先进的生产力；代表先进的文化；代表顾客的利益和社会的进步。事业已经融入全人类的宏大叙事，成为全人类共同的事业。老板诚意正心，为这一事业服务，这时候，你才是真的成功了。

华与华的大多数客户是处在从创业成功走向企业成功的阶段，SKG就是这样的一个代表案例。但创业成功的企业往往还没有获得经营安全。创业的时候主要考虑怎么挣钱，成功之后主要考虑怎么防范风险。华杉在《华杉讲透〈孙子兵法〉》中，反复强调的就是不败兵法，一生不败。对企业的经营也要有低风险偏好，永远把经营安全放在第一位。

因此，企业经营到最后，追求的就是不败，就是安全经营。

SKG和华与华合作三年来，首先解决了品牌战略问题，通过超级符号，形成众口如一的品牌资产，建立了自己可以掌握的品牌流量池；然后解决了营销战略问题，从线上走到线下，构建起自我生发与平衡的流量生态，获得经营安全；与此同时，从可穿戴按摩仪的提出，到科技健康礼品的战略，打开了礼品市场。

线下店从0到1开了6家旗舰店、134家专卖店[1]，线下的营收也随着三年的发展，实现了大幅增长。在这个过程中，线上和线下的营收逐步平衡，实现线上线下的流量平衡发展，企业经营也就越发安全。

1　截至2022年6月30日。

第一章

用超级符号建立品牌资产，
形成自己的品牌流量池

华与华判断一家企业安不安全，首先就是画出它的流量结构图。

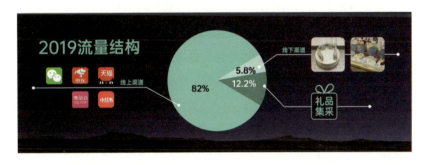

可以看到SKG当年的营收几乎都是来自线上，这种流量结构极不平衡。同样这也是很多企业，尤其是互联网企业面临的一个问题。那么SKG如何在这个课题上破局，并且把问题解决掉？

项目组要做的第一步就是构建SKG自己能够掌握的品牌流量池。

可能有人会觉得不可思议，我自己的品牌、我自己的流量池，我不可以掌握吗？其实，2019年SKG花了一亿元的资金，在全网进行明星达人种草。一般情况下，消费者看到产品的时候会说明星代言的、李佳琦推荐的，但是没有几个人会说这是SKG的。所以，可以发现尽管SKG花了很多钱，但是并没有将流量积累成品牌资产，这些流量全都转移到了明星身上。

华与华方法教我们用超级符号的方法来建立和形成企业的品牌资产。而当品牌一旦有了固定不变的超级符号和符号系统，就相当于是给品牌开了一个户头，每一次的广告投放，都在给它增值。它本身将成为一种流量的来源，反哺品牌，贴上这个符号产品就能卖。

1. 商品就是符号。

人是符号动物，符号携带或明或暗的意义，深刻影响着人的行为，是驱使我们消费的动力。商品就是符号，在消费社会，人们更是通过消费符号完成对自我角色的定义。

比如一个姑娘，她拎着LV的包，是为了通过这个商品道具的符号意义，来传达自己的角色。人通过符号系统把他的身份、角色定义出来，传播出去。

区别于传统的物理按摩仪，SKG颈椎按摩仪采用了TENS脉冲、EMS脉冲、中频脉冲、PET加热技术、石墨烯加热技术等领先技术，不仅在便利上实现随时随地缓解颈椎不适，更在功能上区别于物理的表面按摩，能够作用到皮肤深层，15分钟快速缓解酸痛不适。

技术上的创新也带来了外观的革命性突破，SKG颈椎按摩仪，无论是工业造型设计，还是配色、工艺，都让SKG成为天生带有时尚基因的商品。

因此，我们要创造一套超级符号及符号系统，让SKG的时尚不是

一时的风尚，而是成为"时尚意义"的永恒表达。

从SKG原来的灯箱海报可以看出，除了广告语之外，几乎所有的元素都在变化。产品会迭代，颜色会变化，明星会更换，当所有的元素只存在一时一刻，那每一次的投入都相当于让消费者重新认识品牌，每一次的投入都是一次性的费用，没有积累，一切都是0。

▲　SKG早期不断变化的宣传物料

可以发现，SKG最大的品牌资产就是它的名字"SKG"，它来源于SKG董事长刘总关于企业发展愿景的三个关键词，即Smart（智能）、Kind（亲和）、Global（全球化）的首字母。但是这三个字母属于内部传播思维，对于消费者而言，很难通过这三个字母来理解它们背后的意义。

Smart Kind Global

SKG.com

我们说一切的传播都是符号的编码和解码，在编码和解码过程中存在一定的信息损耗，我们想表达的可能有100，而受众能接受、理解的可能是1，甚至是0.1。

SKG这个名字在传播上具有较高成本，消费者很难理解并记住它所代表的含义。在创意SKG超级符号时，首先要思考的是如何用超级符号把品牌携带的意义嫁接到符号上，让消费者接触到这个符号，就能自行脑补，从而达到闻一知十的效果。

2. 创意SKG超级符号，点亮品牌时尚基因。

华与华符号的创意不在书本上，不在电脑里，不是靠团队头脑风暴，天马行空，而是到销售现场，看创意要运用的场所，实现产品在销售现场"优先被看见"的货架优势。

　　届时SKG的产品主要陈列在数码潮品店中，项目组发现数码电子产品的包装陈列设计有一个特点，基本上都是"黑白灰"的高冷范，仿佛科技就应该是这样冷冰冰的。

　　对于SKG而言，项目组认为，它是一个数码电子产品，有其科技的一面；它也是一个健康产品，有其人文的一面；它还是一个可穿戴设备，有其时尚的一面。

　　因此，从产品属性出发，从它所处的货架环境出发，首先确定了其品牌色为蓝绿色。高明亮度、高饱和度的颜色，不仅让SKG能一下从货架环境跳出来，优先获得消费者的注意，并且这种颜色还能让"已识乾坤大，犹怜草木青"的受众一看就喜欢。

接下来要思考的是，如何让SKG三个字母本身也具有生命力，让其具象生动起来，成为消费者可描述、可传播的符号。

还是从SKG的拳头产品颈椎按摩仪出发。产品是品牌与消费者最大的接触点，当我们提到健康优雅的脖子时经常会用"天鹅颈"这个词来形容，并且天鹅脖子也是一个S的形状。

将天鹅颈和S完美融合，就有了SKG的超级符号，一个具体天鹅形的"S"，让品牌名瞬间活起来。

同时，项目组将天鹅S单独提炼出来，放大成为SKG的超级符号，运用在产品、包装、展架、广告传播上。

华与华前 　　　　　　　华与华后

华与华前 　　　　　　　　华与华后

华与华前 　　　　　　　　华与华后

超级符号不仅让SKG品牌能够脱颖而出，充分降低了SKG的记忆成本，还提高了传播效率，实现品牌定型。更重要的是，所有超级符号出现的地方，都让流量注入品牌的储蓄罐，高效积累品牌资产，让所有人流自动卷入。

有了超级符号，品牌就有了永续经营的气象与格局。

3. 创意SKG超级口号，完善品牌流量池。

SKG原来的品牌口号是"脖子不舒服，用SKG颈椎按摩仪"。华与华的一个核心技术就是话语改造的技术，项目组在话语改造上面下了非常大的功夫，多大？一个大大的"常"字，"脖子不舒服，常用SKG颈椎按摩仪"。

"常用SKG颈椎按摩仪"，它变成了使用频率的提示，能够引导消费者经常地使用我们的产品，从而达到真正放松颈椎的目的；同样"常用"还能将SKG这样一个科技尝鲜的产品，变成一个日常健康护理的陪伴性的产品；同时它还是使用指南，告诉你不是要痛了才用，而是要常用。

有了超级符号和超级口号，品牌就有了一个自己能够掌握的流量池。

第二章

从线上到线下：
建立流量生态，获得经营安全

2019年SKG全网种草曝光高达19.45亿次，消费者如果在天猫、京东、小红书、抖音等平台搜索"颈椎按摩仪"，SKG就一定能在首屏出现。

随着手机的普及，颈椎问题成为普遍的健康问题，SKG的产品又提供一种创新解决脖子不舒服的方案。一边有广阔的市场需求，另一边又有价值创新的产品，再借助线上的流量红利，SKG在线上的推广投入取得了不错的ROI。

晴天修房子，雨天好安身。当企业增长的时候，更要思考如何实现持续经营，如何对未来进行投资，建立起未来的生存能力。

SKG的营收结构只有很小一部分是来自线下的渠道，而从全国零售总额来看，线下的零售仍然占据主流市场。所以，SKG要从线上走入线下势在必行。

如果品牌自身是一个流量大水库，作为经营者，为了企业的安全，实时保有水量，我们是不能让其水源集中于一种渠道的，否则企业的命运就被卡在那一种渠道资源上，渠道一停水，我们的水库就见底了。只有建立多层次复合的流量结构，品牌的流量入口增多，流量入口之间互相引流，才能形成流量大开发、大生长、大循环。有了流量的平衡与生发，才有企业的经营安全。

2019年SKG已经开始进行线下布局的试水，对线下进行投资，在全国机场、高铁站、商场、3C数码店、书店等布局网点门店。

华与华与SKG在合作的3年中，陪伴助力SKG从2019年的一个产品陈列专架、一个产品售卖专柜，发展到2020年的一个专卖店，再发展到2022年的旗舰店，全面打开了线下局面。

那为什么SKG从线上走到线下，不是一上来就开一家门店，而是从成本最低的产品陈列专架开始作为起手式？因为线上到线下之后，渠道的成本结构发生了重大的改变，在线上的时候主要是买量的成本，而线下要选址、装修、人工等，这些成本都是要真金白银地砸下去，如果一个店搞砸了，就不会有经销商愿意跟你合作了。

所以，四种线下终端形态，我们稳扎稳打，从小到大，步步为营，让SKG线上线下流量日趋平衡，形成了丰富的流量生态。这样不管是线上还是线下，不管是线下的几种终端形态，都开始互为流量入口，就能形成SKG品牌流量的大生发和大循环。

1. 线下征程第一步——产品陈列专架：元媒体思想重新开发产品陈列专架，实现产品的全自动销售。

最开始SKG的产品呈现的形态，主要是单个产品，以陈列架的形式出现在"别人"的门店中。流量的转化主要是靠数码潮品店、书店、手机店的客流转化，进店客流本身就不够精准。品牌自身的抓手也较少，属于产品分销体系。

项目组以颈椎按摩仪的陈列展架为起手式，对进店的消费者的行为进行动作拆解，来思考这个陈列展架应该如何设计。

消费者线下行为动作拆解

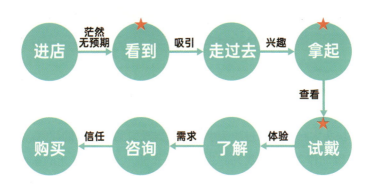

对于一个走进书店、手机店、数码潮品店的人，其实并没有带着"买颈椎按摩仪"的目的预期。这时候这个阵列展架，首要解决的问题就是"被看到"，吸引消费者的注意，让他先看到我们，并且做到

被看到的同时被理解，让消费者清楚地知道，我是一台"颈椎按摩仪"，而不是其他。

为此，项目组将陈列架当成一个媒体来开发，用五大关键动作，设计了天鹅颈陈列展台，让它发挥店中店的效果。陈列是舞台，产品是明星，通过这种发光、动态的陈列台，让这只蓝天鹅带着产品优先和消费者打招呼，在门店没有专属售货员的情况下，也能提高产品的销售转化率。

关键动作1：**人小我大**。如果把货架当成一种领土资源，那陈列台越大，占有的资源也就越多。天鹅陈列台比一般的陈列台要大30%，块头大自然就压过块头小的，优先吸引到消费者的注意。

关键动作2：**人暗我亮**。生物有趋光性，天生对发光的东西、亮的东西会多看两眼。项目组让SKG颈椎按摩仪的字体发光，亮明身份，降低理解成本。

关键动作3：**人静我动**。动态的东西总会优先吸引到注意。项目组让超级符号天鹅颈进行360°旋转，让产品成为整个店面的明星。

关键动作4：人少我多。项目组充分发挥陈列台的元媒体属性，通过超高的信息密度，提升其卖货效率——产品的购买理由"脖子不舒服，常用SKG颈椎按摩仪"打动消费者，价格签促使购买决策，旁边留出折页位置，相当于一个导购员，与有兴趣的消费者深入沟通。

关键动作5：人碎我整。将传统的品牌名、产品型号、陈列台面、价格牌、折页信息等一系列的内容，整合在一起，形成一次完整的"吸引—成交"的进攻。

随着一只只蓝天鹅飞入终端网点，SKG品牌被越来越多人认识和了解，也让经销商对于SKG有了更多的信心，愿意投入更多来售卖SKG产品，推广SKG品牌。

有位与SKG合作的黑龙江经销商，他在短短一年时间，就开出了20家专柜、10家专卖店。他说第一次在礼品展上看到SKG时，就被它充满时尚感、科技感的陈列台给吸引了。

所以说，一个小小的天鹅颈陈列台，可能就是经销商和SKG缘分展开的一个起点，是经销商和SKG将来持续深入合作的一个契机。

2. 线下征程第二步——品牌专柜：用色如用兵，通过SKG 品牌蓝建立品牌阵地。

终端即广告，产品陈列从点到面的扩大，不仅能扩大品牌的排面，也能提振品牌的气势。而排面的扩大，也需要产品SKU有一定的拓展，才支撑得起来。

SKG除了纵向拓展了自己的强势品类颈椎按摩仪外，也横向推出了便携筋膜枪，以及眼部按摩仪，让SKG在终端能够拥有一个属于自己的专柜。

为了提升SKG专柜的元媒体属性和消费体验，华与华在专柜的设计上，也做了2大关键动作：

关键动作1：从人体工程学出发，设计专柜。
与一般的方形陈列柜不同，项目组通过圆弧的造型，台面比柜体要延伸出来部分的设计，来增加消费者与产品的"亲近感"。人能站得离台面更近，也就能更方便拿起体验产品。

华与华前　　　　　　　　　　　华与华后

关键动作2：一个展架就是一个独立的作战单元，模块式设计实现降本增效。

当SKG有一个新品概念上市的时候，华与华项目组就要开始着手设计相关的陈列展台，陈列展台的设计也相当于产品的再开发。

过往都是针对产品做单独的设计，所以尺寸规格、呈现形式都略有不同，这种略有不同要求每一个产品陈列台都要单独的开模设计，而一个陈列台的开模费就要两万元，成本上升，也导致了所有产品在一张专柜上呈现，陈列高高低低，显得凌乱。

为此，项目组创意设计了通用化的陈列架——将陈列台进行模块化，插拔组装化，来减少因为每一款产品所需要的个性化设计。这样不仅节省了每个产品的单独开模费，而且由于统一了规模和尺寸，每个展架的成本也下降了很多。经供应商测算，这样直接就将陈列架的成本降低34%。别人开两个专柜的成本，SKG可以开三个，这大大提高了专柜开拓的效率。

这种高度统一、大小统一、色彩统一、整齐划一的展架，让SKG在终端从单兵作战到集体作战，形成了一个品牌阵营和品牌气象，获得了大面积的陈列优势，带来更高的销售转化。

3. 线下征程第三步 —— 专卖店：通过持续改善技术，为专卖店提亩产增效益。

从展架到专柜的不断成功，也增强了经销商和SKG共同开线下门店的信心。2020年7月，SKG第一家专卖店在南京淮海路苏宁开业。华与华从最开始的现场测量，到输出方案，再到跟进执行，全流程参

与，并追踪到底。从给出门店设计方案到客户门店开业，只用了短短1个月的时间。

这一家店面对于SKG招商具有里程碑意义，因为不仅SKG的产品从颈椎按摩仪，到眼部按摩仪，到筋膜枪有所拓展，而且对于经销商而言，店面的开模成功，让他们有了可以看到的投资产品形态。

不过2020年，SKG的产品在多样性和价格带的覆盖广度上还不足以覆盖一家边铺的盈亏平衡点，于是采取了开"多经点位"店铺的策略，先拿到进入商场资格，相对成本更优又能享受到商场客流的红利。

华与华深知开一家店铺容易，让店铺保持好的盈利能力难。只有好的盈利能力，才能形成更多的正向反馈，也会让品牌流量的增强回路不断加强，吸引更多的合作伙伴加入。

为此华与华以SKG深圳布吉万象汇的多经点位门店为样板，进行"终端销售持续改善"工作，围绕"路过人数、注意人数、进店人数、购买人数"的流量漏斗，在每个环节精耕细作，以提亩产为目标。

▲　多经点位店铺，是三面甚至是四面通透的店铺，经常位于商场的走道中间

　　设计一家专卖店的关键就是设计顾客的旅程，让进来的消费者能够快速根据自己的需求，找到自己想去的地方，让他快速地完成购买体验和转化，从而降低消费者从发现到进店到购买的整个环节的成本。

最终，SKG深圳布吉万象汇门店实现了注意率提升118.35%、进店率提升31.14%、销售额提升59.94%的改善成果，也将改善的动作形成终端卖货宝典手册，向全国进行推广复制，向着店店盈利的目标前进。

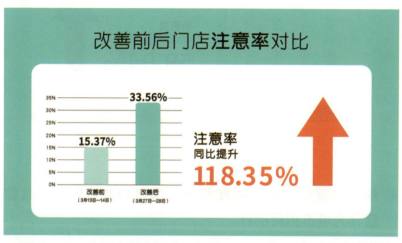

▲ 2020年SKG深圳布吉万象汇改善前后门店数据对比

4. 线下征程第四步——旗舰店：通过精益设计，让旗舰店作为城市招商标杆。

对于SKG而言，产品通常比较适合坐下来体验，边铺就比三面通透的多经点位体验感更好。随着SKG的产品线开始丰富，更有价值感的产品研发出来，客单价开始拔高，足够支撑起一家边铺店。

加上盈利模式的跑通，数据测算下来边铺的销售额是多经点位的4～5倍，也给了经销商开大店、开旗舰店的信心。

华与华的商业空间设计不同于一般的空间设计，独特之处在于通过精益设计让每个区域规划都有其目的，从而提升销售的亩产效益，让门店不仅能热热闹闹开起来，还能长长久久活下去。

门头设计的目的，是创造惊鸿一瞥的发现感。

对于门店这一产品而言，它是陈列在商场楼层当中的，整个商场就是它的货架。项目组通过"顶天立地"的门框式门头，铺满SKG品牌蓝，让SKG的门店在大型商场纷繁复杂的陈列环境中，能够快速被发现。当门店成为消费者逛街的目的地的时候，也能让他快速找到门店不迷路。

门口物料的目的，是激发消费者的进店欲。

基于消费者行为学，释放促使行动的信号，项目组在每家门店的门口都放上了"转动脖子咔咔响，就是颈椎在报警"的立牌，让每一个看到这条信息的消费者，都接收到这个指令。这就提供了让每个人在商场环境里，不觉得尴尬，就能完成自测的小动作，从而提高消费者的进店率。

功能分区的目的，是提升销售转化率。

产品陈列区根据消费者动线，将主推产品放置于门店客流主入口处及消费者视线聚焦处，让顾客能够一眼看全产品品类，一眼看到主推产品。

侧面陈列区，展示SKG的产品科学，为消费者提供购买理由的同时，也降低了销售员的讲解成本。

场景展示区营造家庭、办公、健身3大场景，办公场景提示"久坐"这一母体行为，通过"缓解肩颈僵硬"打动消费者购买。

　　门店设有沙发体验区，为店员创造了与顾客深入沟通，促成其购买的空间与时间。

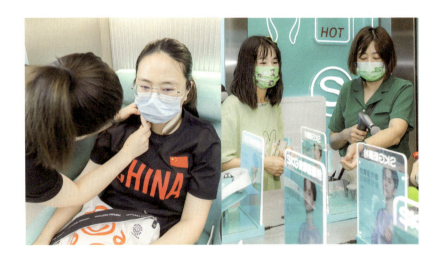

　　体验区正对面，墙上有健康知识信息，顾客可以自测圆肩驼背问题及了解改善方法，让消费者带走知识。

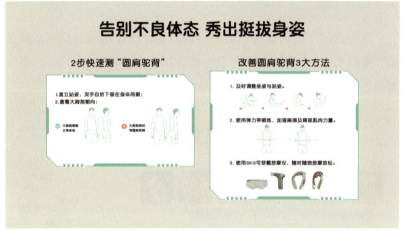

可以看到SKG整个门店的系统，无论是蓝色"顶天立地"的门框，还是"脖子咔咔响"的红灯，都组成了促进消费者购买转化的一套信息包，实现了SKG的两个全自动，即全自动引流和全自动销售，让每一个顾客进入门店，都像坐上了滑滑梯，直接滑到了收银机。

这样的设计思维，也让每个平方米都能物尽其用，打造出了实现消费者购买、经销商售卖、SKG品宣三方目的的门店。目前SKG旗舰店已经在多地陆续落地。

到今天，SKG步步为营，已经在全国开了6家旗舰店、100多家专卖店，专柜及零售网点遍布全国。

零售网点　　　　**专柜**　　　　**专卖店**　　　　**旗舰店**

旗舰店和专卖店成为渠道的中坚力量，旗舰店具有梳理品牌形象、推新卖贵、区域招商的重要标杆作用，专卖店实现了SKG的全品类销售。

专柜及专架网点式的终端陈列形态，则是SKG作为区域经营的毛细血管，扩大品牌的基础面与出镜率，不仅增强了SKG与经销商的黏性，还让更多的消费者发现SKG就在身边。

这样丰富的终端形态，平衡了线上线下的发展，让SKG从线上世界走到现场看得到、摸得着、体验好的线下世界，带来的不仅是营收的增加，还有品牌势能的增加，以及企业整体抗风险能力的增强。

第三章

战略机会新洞察：
打开礼品市场，丰富品牌流量结构

1. 从未来穿戴到未来健康。

2019年华与华提出"可穿戴按摩仪"的品类战略，让SKG每年投入的大额研发费用有了主线路。随着产品线的战略性扩充，SKG在线下终端的形态能实现从陈列占位，到专柜，到专卖店，再到旗舰店的四步跃升。

根据这一品类战略，SKG公司的中文名也在后来更改为"未来穿戴健康科技股份有限公司"。

战略是一种涌现，随着SKG产品的丰富，"可穿戴按摩仪"不足以覆盖筋膜枪、血压手表等新产品。而这些产品都有一个共性——健康科技。用科技改善健康的理念，研发生产颜值上好看、使用上好用、功能上有用、放心用的产品。

2. 打开礼品市场，丰富SKG品牌流量结构。

　　回到那张流量结构图，可以看到当年SKG的销售有12.2%是来自礼品集采的，这种集采是什么？航空公司、保险公司、银行系统都会采购SKG产品当作活动的会员积分兑换礼品，那也就说明SKG本身就具有很好的礼品属性。同时，在经销商店员的访谈中也发现SKG门店的30%~40%的购买，也都是因为送礼，这是一个巨大的商业机会。

　　SKG在送礼中的天赋——送的是"健康"。为此项目组提出了"科技健康礼，就送SKG"的品牌口号，打开SKG的礼品市场，形成消费者的口语报道，在节日里，为消费者提供了一个选购的理由，直接拉动了门店团购的销售。

　　SKG在全国有200多家门店，而每一家门店其实都是一个广告位，都是一个元媒体。项目组在门店里开发了礼品装置，通过这个礼品装置去做不同主题的营销设计，到了圣诞节可以"买SKG送给朋友"，到了情人节就可以"买SKG送给爱人"。

　　而对公司采购来说，我们要降低的是采购人员的决策成本。因为对一家公司的采购来说，采买礼品其实是一件非常麻烦的事，买的这个产品员工喜不喜欢？我的预算够不够？我买回去，老板会不会说我买错？

　　所以项目组找到了一个决策性的折页，用一个物料来解决这个问题。

　　首先采购的第一逻辑是根据价格做选择，所以我们折页里面的产品排布不是按照产品的品类去分，而是按照价格档位，分为千元以内的、五百元以内的，同时不同系列也各给出一个购买理由。最后，如果还担心会不会买错？再给你上个保险，告诉你腾讯、华住都在买我们的产品，你肯定不会选错，老板也不会怪你。有了这样的折页之后，就形成了这样的一个购买市场。

SKG"科技健康礼"的企业战略，让SKG的事业与人类的生命健康事业相结合，成为用科技改善健康领域的首选品牌。

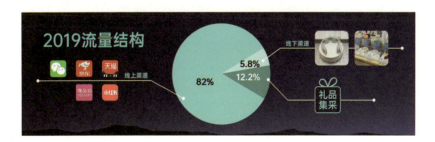

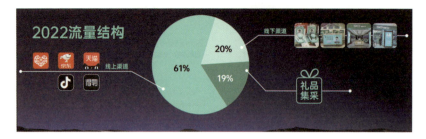

▲ SKG流量结构图变化

　　可以看到SKG这三年来的流量结构变化，无论是它的零售市场，还是它的礼品集采市场，都慢慢地提高了比例，它的流量结构也慢慢地趋于平衡。有了平衡的流量结构，才会有企业经营安全的可能。

　　SKG未来的路还很长，华与华会始终在思考如何能助力SKG建立自己不可撼动的事业，为实现战略自由、安全经营，走向一生不败，而努力。

华与华方法

华与华品牌资产原理

品牌资产就是给企业带来效益的消费者品牌认知，是大众的口语报道。

消费者对我的认知，有些是能给我带来效益的，有些是不能给我带来效益的。不能给我带来效益我就不管它，能给我带来效益我就去投资它。投资的，就要形成品牌资产，只有形成品牌资产，才能降低总成本，发挥边际效益。

我们找顾客要的两个品牌资产的效益是：

1. 买我东西，即购买我的产品或服务。
2. 传我美名，即你出去能跟别人说我的好。

这样一来，我们就自然而然形成了品牌资产的定义——品牌资产，就是品牌言说。能对外言说的，就是品牌资产；不能言说的，就不是品牌资产。

所有的动作，都有一个判断标准，就是做任何一件事情，一切以是否形成资产、保护资产、增值资产为标准。能形成资产的就做，不能形成资产的就不做。

在SKG这个案例中，原来的广告元素几乎一直都在变化，品牌每一次的投入都没有得到有效的积累，也不能够形成众口如一的消费者认知。与华与华合作的3年，我们从品牌资产原理出发，用超级符号点亮SKG时尚基因，建立起了属于自己的流量池。我们让每一分花在流量购买上的费用，都能积累成为品牌资产，为品牌带来复利，在提高传播效率的同时，不断降低流量成本。

鲜啤30公里

30

华与华超级符号案例点评语

华 杉
华与华营销咨询有限公司创始人

这个案例非常了不起，可以说是我们在重新构建这个企业，我非常期待十年后鲜啤30公里的发展状态。

我主要说两点。第一，华与华把客户分为品牌上场、品牌定型和品牌经营这三个层次，最难的其实就是品牌上场，而且品牌上场里最难做的就是转行的企业。因为隔行如隔山，当你从做啤酒设备到做一个啤酒品牌，你除了能生产啤酒以外其他什么都没有。对于企业来说，这些都需要重新去学习。

第二，我们所有的经营，实际上都是两个方向的追求，一个是总成本领先，另一个是获取边际效益。鲜啤30公里的创意非常突出，且在商业模式上，创造了一个酒厂6种业态的商业模式，这也符合迈克尔·波特的理论，创新了一套独特的经营活动的组合，实现了总成本领先、竞争对手难以模仿以及独特的价值。获取边际效益，就是怎么样在一个成本平台上，获取更多的边际效益，就好像意大利做皮鞋，在一头牛身上能剥几张皮的问题。

鲜啤30公里

建立新品牌，先找华与华——
从0到1，品牌上场不走弯路

2020年1月，上市公司乐惠国际创始人黄粤宁先生带着一张地图、一款易拉罐，就第二业务精酿啤酒酿造，签约华与华。

一开始的时候我们是没有信心的，因为乐惠国际是做啤酒装备的企业，是酿酒的行家，但并不会卖酒。一个装备企业，要做啤酒品牌，我们并没有把握。

首先，隔行如隔山，要跨过鸿沟，需要建立全新的能力；其次，就是品牌上场的问题，一个新品牌如何入局啤酒市场，实现品牌上场？

从0到1建品牌，不仅需要一套营销传播活动，更多的是需要组合一整套的经营活动，形成总成本领先，实现品质最高和边际效益最大化。于是，华与华从命名入手，将企业战略、品牌三角形一体化思考，形成理论完备、创意能量强大的解决方案。并手把手和客户一起干品牌，一件事一件事去落地，诚意正心。助力鲜啤30公里从0到1，完成品牌上场！

引　言

华与华的客户，有三种阶段类型：品牌上场、品牌定型、品牌经营。

第一种是新创事业，虽然有很好的商业想法，但是品牌创意不够，就可能上不了场，入不了局，华与华就解决品牌上场问题。

第二种是品牌定型，企业经营了十年、二十年，做得也不错，但都是见招拆招、随机应变，品牌没有定型，老板没有定心。华与华就解决品牌定型和老板定心的问题，助力企业长治久安，基业长青，开万世太平，排除出局的危险。

第三种是品牌经营，品牌干成多年了，华与华就解决如何好好经营的问题。只有不犯错误，保障效率，扩大边际效益，才能稳坐领导地位。

在这三种阶段中，品牌上场是至关重要的。俗话说得好，万事开头难，做品牌也一样，创业的很多，九死一生，最后真正能够上场的少之又少。所以，创业之初往往是最艰难的时候。当你想开创一份新的事业，但是上哪个赛道呢？当你有一个新的想法、一件好的产品，但是该叫什么名字，在哪卖，怎么卖起来呢？创业之难，难于上青天！摆在创业面前的，如赛道、渠道、模式、规模等所有的疑难就像一道道屏障，让很多项目根本上不了战场，更别说上阵杀敌了。鲜啤30公里项目更是如此！

原本，新创的事业叫精酿谷，乍一听是好名字对不对？好像占据了精酿的品类，但是这个生意能做多大？精酿在中国发展了16年，截至2021年，中国叫精酿啤酒的公司有5000家，其中做的规模最大的，年营收不足1.5亿元。

这么多人选择了精酿赛道，却上不了场，入不了局。我们该怎么办？是继续在精酿赛道里挣扎，还是寻找别的出路，这是一个非常艰难的战略决策。

第一章

用华与华定位坐标系模型，
拨开迷雾定战略

华与华工作方法的起手式，就是学习客户的业务，理解客户的业务，然后重新想象、重新设计客户的业务。

1. 基于华与华定位坐标系，确定战略判断。

我们首先用华与华定位坐标系模型，研究了啤酒市场的现状、竞品情况，以及消费者需求变化。

（1）看行业：天下大事，分久必合，合久必分。

过去30年，啤酒业需求增长，各地酒厂不断兼并为超级大厂，啤酒市场被几大巨头控制。

控制之后，在竞争中打性价比，不断地劣币驱逐良币，麦芽度越

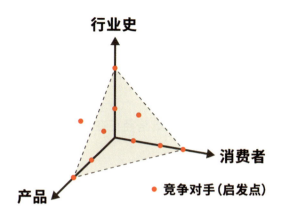

行业史

产品

消费者

● 竞争对手（启发点）

做越低，啤酒也就越来越难喝。大家只能花更高的价格去喝进口啤酒。这些啤酒因为都是漂洋过海来的，所以被戏称为罐头酒。

所谓天下大事，分久必合，合久必分，走到这个时候，就必然走向分散。分散之后就有了精酿啤酒，又回到了合并前的小酒厂的时代。美国市场大概25%是精酿啤酒，精酿啤酒厂就变成小型的啤酒厂，供应周边的地区。跟汽车是一样的，在福特时代，福特说："顾客想要什么颜色的车都可以，只要是黑色的就行。只有一个颜色，就能大规模生产、普及；普及之后，从通用汽车就进入多样化、小规模、多品种的生产时代。"

精酿啤酒跟其他啤酒又有什么区别呢？精酿啤酒在国外叫craft beer，就是只用麦芽、啤酒花、酵母、水酿造的啤酒。在国内被翻译成"精酿"，但并没有标准，以至于市面上鱼龙混杂。但对于"鲜啤"是有国家标准的，就是不杀菌、不过滤、不稀释，保留内部鲜活酵母的新鲜啤酒。所以，有标准才能建立壁垒。

鲜啤口感虽更好，但因不杀菌、不过滤、不稀释，就不能长时间储存。而啤酒本来的运输半径就是短的。啤酒大厂，要通过收购当地啤酒厂，实现全国布局，因为啤酒的运输成本极高。

所以，精酿啤酒本身是个本地化的东西。就像山东青岛，大家知道青岛人最引以为豪的是什么吗？就是你拿一个塑料袋就可以在家门口打这样一袋啤酒，又新鲜又好喝，所以本地化带来的就是新鲜。

（2）看消费者：啤酒的上桌路径正在改变。

在走访终端的时候，我们也发现，一杯啤酒的上桌路径正在改变。从以前一瓶罐装啤酒通过分销渠道，送到超市，再到消费者手中；到现在啤酒机里现打的杯装啤酒，越来越多地出现在消费者的餐桌上。啤酒大企，也开始推广新鲜啤酒，便催生了泰山7日鲜等品牌。

（3）一张地图、一款产品。看禀赋，衡外情，量己力。

在了解了行业问题和消费者需求之后，我们要看乐惠国际母公司30年积累了哪些能力和资源禀赋。

乐惠国际，2017年在上交所挂牌上市（SH603076），是全球前三的啤酒设备制造商。从酿造、灌装到酿出第一滴酒，为绝大多数啤酒大企提供"整厂交钥匙"服务。做了30年，已经成了行业里面全球第二、中国第一的业界大佬。

乐惠国际黄总，在规划业务之初，就画出一张酒厂布局图。如今已建成上海佘山酒厂和宁波大目湾啤酒厂。通过访谈了解到：乐惠国际拥有酒厂建设的绝对成本优势，可以在城市建设酒厂，实现啤酒的本地生产、本地供应。

黄总对好啤酒有自己的坚持："我们要生产真正用麦芽、酵母、水、啤酒花酿造出来的啤酒，不经过巴氏杀菌或瞬时高温杀菌，保留酒体中的鲜活酵母。好啤酒的本质是新鲜，保证在口感最好的时候，让顾客喝到。因为啤酒好喝不好喝，顾客一口就能喝出来。"

于是，乐惠国际领先啤酒行业，创新世界首条易拉罐无菌灌装线：实现用易拉罐来包装鲜啤酒，让啤酒的赏鲜期最长达到90天。

所以，基于华与华定位坐标系，我们对其行业史、消费者、企业自身禀赋的分析，综合来看，乐惠国际的技术能力和本地化建厂的优势，能够让它在全国的每一个城市乃至县城建设啤酒厂，供应本地的鲜啤。于是，我们确定了1个战略判断：放大精酿做鲜啤，布局鲜啤大蓝海。

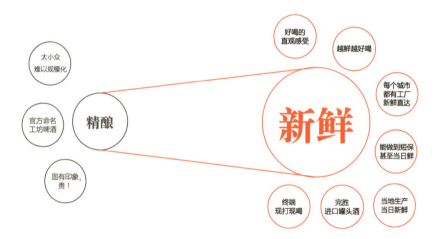

2. 考古成功实践案例，确定全新的经营使命。

　　所有的创新，都来自考古。我们找到了鲜啤成功的实践案例。波士顿啤酒公司，是美国最大的精酿酿酒厂之一。旗下塞缪尔·亚当斯（Samuel Adams），是美国酿酒行业中优质啤酒类别中较大的品牌之一，仅次于进口啤酒科罗纳和喜力。2022年前三季度，公司实现营业收入17.46亿美元，净利润7868万美元。

　　1995年，波士顿啤酒公司IPO登陆纽交所（NYSE：SAM），截至2021年12月，以每股近1000美元价格，成为在纽约证券交易所、纳斯达克、标准普尔500指数上市的最贵股票前15。市值从30亿美元（1995年）到1213.62亿美元（2021年），26年上涨接近40倍。

　　波士顿啤酒公司，在1984年成立之初，啤酒大企的市占率达到60%，创始人吉姆·科赫就提出其使命：通过为美国啤酒饮用者提供最优质的产品，成为"更好的啤酒"领导者，寻求长期盈利增长。

波士顿啤酒公司，能够实现长期发展，得益于以下三点：

第一，坚持做不添加大米、玉米等辅料酿造的啤酒，给喝啤酒的人提供了比当时更好的美国啤酒选择。

第二，合约酒厂，建立成本优势：和地方啤酒厂签订合约，租用剩余产能，克服工厂的产能不足，节省新建厂房的资金，并能够通过当地酒厂实现本地销售。

第三，1988年，第一个喊出"为新鲜而战"，在每瓶啤酒上标注最迟销售日期。2010年的"最新鲜啤酒计划"，提出即时库存系统，坚持供应新鲜啤酒。

华与华讲企业战略不是企业的战略，而是企业为解决某一社会问题而制定的战略。企业解决的社会问题越大，市值越高。

于是，我们决定回归精酿的本质，做本地化的酒厂，并画出了乐惠国际啤酒业务的企业战略三位一体模型，确定了全新的企业经营使命：要建设100家甚至1000家鲜啤酒厂，让每一座城市都有一座新鲜啤酒厂，让中国人喝上真正新鲜的好啤酒。

乐惠国际啤酒业务 企业战略"三位一体"

华与华

业务组合（广义的产品）：
· 城市酒厂
· 现打售酒方案
· 罐装产品

产品结构（狭义的产品）：
· 德式小麦
· 美式IPA
· 牛奶世涛
· 盐汽艾尔

社会问题
企业社会责任

企业战略

经营使命

使命决定战略

劣币驱逐良币
工业水啤充斥
· 消费者不知道什么是好啤酒
· 利润驱使，大厂酿造添加其他原料，降低成本
· 为了延长保质期，增加添加剂、巴氏消毒，啤酒越来越淡
· 精酿啤酒价格高，且小众

让中国人喝上真正的新鲜好啤酒。
让每一座城市，
都有一座新鲜啤酒厂。

先找社会问题，确立企业社会责任和使命，再定战略。

第二章

品牌上场：
从0到1建立品牌三角形

战略方向定了，那么品牌就能上场吗？显然不可能，因为到现在我们还只有战略想法，连品牌都没有。那如何从0到1建立一个品牌呢？

华与华的品牌理论叫品牌三角形理论，三角形的三条边分别是话语体系、符号系统和产品结构，它能解释一切品牌现象，整理一切品牌的工作，所以品牌的管理就是对品牌三角形的管理。而品牌三角形从超级符号开始！

1. 为鲜啤30公里，创意超级符号。

第一件事，改名字！很多人以为超级符号就是蜜雪的雪王、厨邦的绿格子，但是在鲜啤30公里项目中，超级符号从命名开始。或许有人就要问了，名字是符号吗？当然，因为沟通基于符号系统，而语言就是最大的符号系统，所以口号是符号，名字也是符号。

乐惠国际黄总，在规划啤酒业务之初，起名"精酿谷"。这是个好名字，好像垄断了精酿品类，但这个名字要实现品牌上场很难。因为它没有冲击力，不够锐利。一个新品牌，要靠最锐利的品牌创意，实现上场！

基于本地化的战略，我们选择了做"鲜啤"这一大品类。所以，在确定了"鲜啤"战略之后，命名里也就有了"鲜啤"一词。

但光有"鲜啤"还不够，我们还需要一个词来表达新鲜。既然是本地化的酒厂，那么限定规模的同时也就限定了投资，所以鲜啤的酒厂一定是那种集约化的小酒厂，先服务酒厂周边范围，再服务整个城市。

在研究中我们发现了一个非常有意思的数据，对于大部分英国人，在他生活的8英里范围内，都有一家精酿酒厂，开车大概15分钟就能到达。在美国，这个数据是15公里，中国这么大，我们就先从30公里做起！

于是，我们提出一个具有明确指标的策略，即一座城市的一家酒厂，覆盖30公里半径。限定距离的同时也确定了酒厂的规模，集约型小酒厂，供给附近30公里范围内即可。

鲜啤30公里

"鲜啤"是一个词，"30公里"是一个词组，看似简单的两者，像魔方一样拼在一起，就会拥有魔力，因为一切都通过这个短语说明白了，这就是语词魔方的力量！"鲜啤30公里"就此诞生！

从战略决策到命名创意，我们的每一招都是绝招，在超级符号的设计上也是如此。一个伟大的品牌，就是一套伟大的符号系统。用品牌嫁接文化符号，激发人的整体性经验，将超级符号应用于品牌建设与营销传播中去，爆发出不可思议的销售力。

鲜啤30公里用距离表达新鲜，搜尽奇峰打草稿，最终我们找到了公路牌这个符号。它是一个全球都能识别的公共符号，能够让人直接联想到"公路""距离"。在数字30的处理上，将一杯啤酒放在"0"中，巧妙地代表了啤酒的行业属性，也完成了对这个符号的私有化改造。

　　并且，我们在公路牌图形下面增加了公路线，让"道路上的公路牌"成为鲜啤30公里符号的消费者口语报道。

2. 为鲜啤30公里，建立话语体系。

华与华将企业的事业理论、产品科学、品牌文化、企业文化等，纳入品牌话语体系，并入品牌管理。

品牌话语就是品牌言说，能言说的才存在，不能言说的就不存在。品牌的话语体系，一定是活在场景里的，长在消费者舌头上的，张口就能说出来，才能形成"播传"，华与华把这叫作"大众口语报道"。所以，事业理论、产品科学、品牌文化，不是企业内部的口号，而是为了大众能够口口相传而规划的。

什么叫作事业理论？就是德鲁克提的三个问题：我们的业务是什么？我们的客户是谁？客户的认知价值是什么？

来看鲜啤30公里的事业理论，我们的业务是做精酿鲜啤，客户是热爱啤酒的人，这些啤酒爱好者的认知价值就是啤酒越鲜越好喝。于是，基于整个啤酒大环境，以及鲜啤30公里的经营使命与核心竞争力，我们提出"啤酒越鲜越好喝，酒厂越近越新鲜"，作为鲜啤30公里的事业理论。

鲜啤30公里的产品科学，首先是要做精酿，坚持只用水、麦芽、啤酒花、酵母酿造啤酒；更重要的是坚持做鲜啤，严格遵循国家"鲜啤"标准，坚持不经过巴氏杀菌或瞬时高温杀菌，保留啤酒里的鲜活酵母，城市酒厂新鲜酿造，冷链直送，不惜成本让大家喝上新鲜好啤酒。于是，我们提出核心的一句产品科学："内有活酵母，才敢叫鲜啤。"

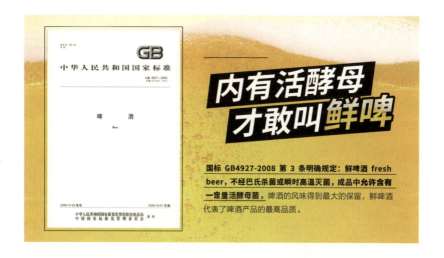

品牌话语要能够操纵表述，进而形成看法，最终影响行动，必须是掷地有声的超级断言，才能收到刺激反射的行动指令。我们就要去选择立场鲜明、逻辑清晰的词语让对方像我们希望的那样去思考，去行动。于是，我们创意了"酒厂越近越新鲜，30公里硬指标"这句品牌话语，成为鲜啤30公里的品牌契约。

酒厂越近越新鲜
30公里硬指标

　　并且，我们将"酒厂越近越新鲜，30公里硬指标"图像化，让顾客能够看图识读。在城市地图上，清晰标注30公里半径所覆盖的区域，展示鲜啤30公里在上海、宁波、沈阳、长沙的酒厂能够供应鲜啤的区域，消费者会对位进去，对品牌形成认知。

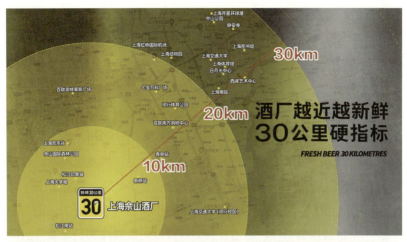

3. 以酒厂定战场！为鲜啤30公里，打造产品结构。

（1）6大产品业态，就是加盟连锁的6次方。

品牌三角形的底座，是产品结构。产品结构就是企业发展的路线图，任何战略最终都要落实为产品战略。华与华方法对产品的定义：产品就是购买理由，产品开发就是开发购买理由。同样的一个产品，因为不同的渠道和购买理由，它的价值、价格也会改变，也就能改变企业利润。

鲜啤30公里是本地酒厂的战略，这就决定了我们做的不是单品打全国的生意，而是酒厂定战场，先服务酒厂周边30公里范围，进而再服务一座城市。在限定距离的同时，也确定了酒厂的规模；限定规模的同时，也限定了投资，鲜啤30公里一定是集约型的小酒厂。

以酒厂定战场。我们在鲜啤30公里的产品结构里提出了一个新的产品——加盟连锁酒厂。加盟连锁酒厂可以经营鲜啤30公里联营酒厂餐厅、鲜啤30公里酒馆、鲜啤30公里打酒站、鲜啤30公里商超流通、鲜啤30公里餐饮经销，以及鲜啤代工共六大业务。

可以说，我们鲜啤30公里的产品结构，就是一个加盟连锁的6次方；更是一大投资，是成本回收的6个路径，创新整个中国啤酒行业的商业模式。

业态1：鲜啤30公里联营酒厂餐厅。

鲜啤30公里，开发600～5000平方米城市酒厂，针对不同的投入，设计不同产能的啤酒厂。可以集约到只生产啤酒，配送终端售卖；也有兼具打酒站、办公区、生产区、酒吧、餐厅5大功能的体验工厂。

以上海佘山酒厂为例，一间5000平方米的厂房，投资2000万元建一个酒厂，酒厂的年总产能是2000吨，一年的啤酒总产值约3000万元。后面600平方米做生产车间，前面800平方米与网红餐厅一尺花园做联营，一年能有约1000万元的营业额。

▲ 鲜啤30公里上海佘山酒厂联营餐厅实景照片

业态2：30公里鲜啤酒馆。

在街边、社区旁边的小酒馆，占地30～50平方米，供应10余种精酿鲜啤，同时提供薯条、鸡翅、香肠等简单配餐；20万～30万元投入就能开一家鲜啤小酒馆，自己当老板。鲜啤30公里目前已开业47家酒馆，日均流水达到6000元。

业态3：鲜啤30公里打酒站。

无须单独开设，无论是开餐厅，开超市，只要门店位置有很好的人流，周边有需求，只需要5～10平方米就能嵌入一个鲜啤打酒站。

在上海嘉善路的淳欣食品超市，收银区背后嵌入一个打酒站，收银员在收银的同时负责打酒，能够做到节假日流水4000～5000元，工作日2000～3000元。

除了提供现场即饮，也能打包回家喝，还能线上送外卖，一间打酒站做三门生意。鲜啤30公里目前已开业打酒站70余家。

业态4：鲜啤30公里商超流通。

罐装鲜啤主要集中在餐饮店、超市、便利店、线上售卖，以麦德龙为例，上市只有两个月，就成为啤酒类目的销量第一。

业态5：鲜啤30公里餐饮经销。

本地鲜啤拥有非常强大的供应链优势，可以直接给火锅店、烧烤店等各种餐厅供应现打现喝的鲜啤。

为餐厅提供酒水销售方案，只要2平方米占地，就能售卖5种口味现打的精酿鲜啤。目前宁波市场已铺设4546家餐饮门店，长沙超市有800家门店在售卖鲜啤30公里。

2021年12月，丰茂烤串和鲜啤30公里开始深入合作，已进驻14家门店，上海店日均鲜啤销售额11 605元。鲜啤30公里复购率高，得到好评和认可，在终端甚至有了服务员口头传播，更多的人正在认识鲜啤。

业态6：鲜啤30公里代工定制。

产能富余的情况下，还能做联名生产和代工的生意。这样的生产线简直就是印钞机。

（2）超级产品开发创意：国内首款全开盖鲜啤，突破品类价值，创造用户新体验。

在国内，您一定没这么喝过这样的啤酒：像八宝粥的全开盖的易拉罐装的啤酒。喝酒的同时，可以闻见麦芽香。这就是华与华为鲜啤30公里创新开发的330ml国内首款全开盖鲜啤，经过9个月的内部打磨，2022年1月内部测试，3月已经上市。

目前主要在京东、淘宝的鲜啤30公里旗舰店售卖，在小红书、抖音上带起一波"开盖干罐"的热潮，网友也衍生出各种饮用场景和喝法。

传统啤酒，易拉罐只有一个小拉口，对着罐子喝的时候，闻不到酒液的香气，这明显是对酒香不自信。当你想要边喝边闻，还得把它倒出来，多麻烦。而鲜啤30公里在啤酒行业首先创立了这种全开盖的易拉罐，让消费者闻着麦香喝啤酒。

鲜啤30公里，是纯麦芽酿造的精酿啤酒，离杯一尺有麦香；保留鲜活酵母，加上丰富的泡沫，创造一种全新的饮用体验。

　　到这里，鲜啤30公里的话语体系、符号系统、产品结构，已经规划完成，形成一个完整的品牌三角形。

话语体系

品牌命名:
鲜啤30公里

品牌谚语:
酒厂越近越新鲜，30公里硬指标

事业理论:
酒厂越近越新鲜，30公里硬指标

战略逻辑：
实现百城酒厂万店，
每一座城市都应该有一座鲜啤酒厂

产品科学：
❶内有活酵母，才敢叫鲜啤
严格遵守国标 GB4927-2006 第 3 条概念，不经巴氏杀菌或瞬时高温灭菌，成品中允许含有一定量活酵母，啤酒的风味得最大的保留

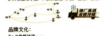

❷30公里城市酒厂，新鲜酿造 ❸酒厂直送，全程冷链

品牌文化:
To B传播话语——
啤酒越鲜越好卖
产品谚语——
德式小麦精酿鲜啤，全麦芽酿造
精酿小麦艾尔，白桃果汁含量≥28%
全开盖实现理由——
全开盖，大口喝，专利设计，全开盖鲜啤
营销日历——
鲜啤30公里酒厂啤酒节，国庆五六七，酒厂喝鲜啤
企业文化:
经营使命——
让中国人喝上真正新鲜的好啤酒

事业理论
产品科学
品牌文化
企业文化
企业故事

话语体系 符号系统

产品结构

产品结构:(To B)
1.鲜啤城市酒厂（酒厂加盟）
2.鲜啤渠链（连锁加盟）
3.鲜啤打酒站（餐厅、超市、小区物业等,合作嵌入）
4.快消酒商
5.餐饮合作（鲜啤礼啤机形式售卖）
6.代工（OEM）
7.联营酒厂餐厅（如一尺花园精酿工坊）

产品结构:(To C)
❶经典产品——
德式小麦鲜啤
美式IPA鲜啤
皮尔森鲜啤
牛奶世涛鲜啤
❷果味系列——
精酿白桃艾尔
精酿草莓小麦

产品规格
330ml全开盖、330ml瓶装、500ml铝罐、1L大黄罐、2L&3L Pet桶、20L Pet桶

符号系统

1.品牌名 鲜啤30公里
2.超级符号
3.品牌色
4.品牌主形象 酒厂越近越新鲜 30公里硬指标
5.酒厂符号
6.店招系统
7.产品包装
8.啤酒杯
9.营销日历符号
10.对外传播系统

第三章

以产品为原点，
转动价格、渠道、推广

华与华说产品、价格、渠道、推广，4P就是营销的全部和全部的营销。鲜啤形成了6个产品业态，也就是有6个4P的生意！而且，更关键的是这6大产品业态都有自己的产品、价格、渠道和对应的推广方式，而且彼此互为流量，这就形成了一套经营活动的组合。

1. 价格：代表品类最高质量标准，掌握定价权，为三方留出利益空间。

定价的核心是有定价权，如果没有定价权就随波逐流，打价格战，赚不到钱。如果你的产品有别人没有的东西，那天生就有定价权。

鲜啤30公里，在"鲜啤"品类中，是有定价权的。在测算生产成本基础上，鲜啤30公里给上下游产业伙伴留出利润空间，以保证产品保持更好的品质；给渠道经销商留出利润空间，争取货架陈列位，支持试饮等终端促销。

2. 渠道：针对不同渠道，提出不同的营销模式。

华与华把渠道看成一个组织，也就是把渠道看成营销。不同的营销模式，就是不同的渠道模式，也是不同的定价和利益分配模式。

鲜啤30公里城市酒厂、鲜啤酒馆、鲜啤打酒站、罐装鲜啤、现打鲜啤，是不同的渠道。针对不同的渠道，华与华提出针对性的营销方案。

鲜啤30公里和餐饮店合作，华与华提出"啤酒越鲜越好卖，酒水比餐更赚钱"的推广话语，包装"现打鲜啤"的门店酒水解决方案。做To B生意，就是帮客户做生意，在世界杯等节点，合作推出促销活动，提高门店酒水营收。

啤酒越鲜越好卖！

3. 推广：元媒体、营销日历开发，年年投资，形成品牌资产。

充分发挥元媒体的推广功能。

符号发挥能量的地方是媒体。华与华把媒体分为两种，其中一种叫元媒体，也就是不花钱的，比如门店本身，包括店内物料、员工，都是元媒体。鲜啤30公里的厂房、产品、员工，就是最大的元媒体。

每一个推广工具，每一次推广，都是对品牌的长期投资，都是品牌文化建设。

合作第二年，华与华为鲜啤30公里策划酒厂啤酒节，命名为"鲜啤30公里上海佘山酒厂啤酒节"，提出"国庆五六七，酒厂喝鲜啤"。话语就是行动指令，让顾客来酒厂娱乐，喝到新鲜酿造的啤酒，形成口碑传播。2022年开办首届，以后每一年都做，长期投资，形成资产。

国庆五六七 30 酒厂喝鲜啤

佘山酒厂啤酒节
BREWERY FESTIVAL
10.5日-7日

现打鲜啤

美食工坊

2022年
10月5日-7日

鲜啤30公里｜佘山酒厂啤酒节
活动地址/上海松江区茸兴路101号鲜啤30公里酒厂

THE 1st BREWERY FESTIVAL

佘山酒厂啤酒节

鲜啤30公里｜佘山酒厂啤酒节
BREWERY 2022 FESTIVAL

30
佘山酒厂啤酒节

▲ 鲜啤30公里上海佘山酒厂啤酒节现场照片

鲜啤30公里登上航机杂志，梳理4大合作方案，投放招商广告。

鲜啤30公里参加展会，成为行业关注的焦点。

▲　2021年上海CBCE展会

▲ 2021年天津秋季糖酒会

▲　2022年南京CBCE展会

　　以上就是华与华和鲜啤30公里，在推进中不断完善、迭代的营销4P规划。更强大的是，以产品为原点，每一个产品都有独立的4P，都能独立转动。从下面一张图可看出，各个产品是如何通过1P转动其他3P，来实现整个品牌运营的。

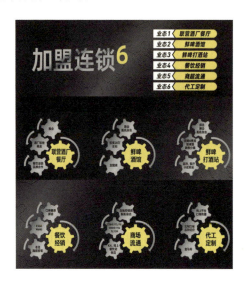

第四章

"大课题＋小专题"托管式服务：
陪伴企业少走弯路

华与华不仅是方案提供者，更是方案落地者。

对于一个新品牌来说，一切都是新的，就连团队都要从0开始搭建。那么华与华就不仅成了客户的初始品牌部，更成了客户的创业团队。

从品牌带教，到陪伴企业成长，华与华为客户提供了品牌托管式服务。合作第三年，全程陪伴，开发"大课题＋小专题"，用品牌5年计划，规划年度品牌工作。

第一年进行超级符号革命、产品准备、业务梳理、规划传播；第二年持续改善，针对不同终端和产品提出营销方案。华与华真正践行了所有事都是一件事，所有事都是我们的事。

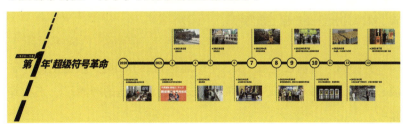

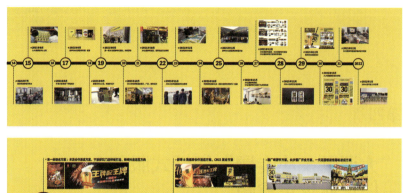

▲ 2021—2022年度鲜啤30公里关键服务工作回顾

▲ 鲜啤30公里3L产品上市海报

　　鲜啤酒厂目前已建成4家，年产能达到28 000吨，覆盖上海、宁波、沈阳、长沙；武汉、深圳、西安、成都等地的啤酒厂，正在筹建中。

▲　鲜啤30公里宁波大目湾酒厂

　　鲜啤30公里供应鲜啤的版图正在逐步扩大，每一座城市都有一座鲜啤酒厂的愿景，正在一步步实现。而这一切的成功，都是产品的成功。

　　黄总，作为中国第一批科班出身的酿酒人，基于底线思维，始终站在产品的第一线，把好每一道产品关，把一杯啤酒做到了行业的最高标准。而华与华，也以出品为硬指标，全程陪伴，尽心尽力。

▲　乐惠国际&鲜啤30公里创始人——黄粤宁

短短两年的时间，上海松江佘山酒厂从一个破旧的厂房变成了最美的城市酒厂，让更多的人喝到了真正的好啤酒，这样的美好也即将发生在中国的更多城市。企业所有的成功都源于创业的成功，而所有创业的成功本身都是创始人的成功，向创始人致敬！

华与华方法

（一）华与华品牌三角形

华与华品牌三角形，包括产品结构、话语体系和符号系统。

产品结构

产品是品牌的本源。品牌要解决的第一个问题，就是产品结构的问题。不管是物理意义上的产品还是服务产品，甚至观念上的产品，一定是有产品才会去建立品牌。

大家经常讲多品牌战略还是单品牌战略，当在讨论第二个品牌的时候，是因为有些产品被认为放在第一个品牌里不合适，才想要做第二个品牌，这就要画第二个品牌三角形。

话语体系

每个产品都需要一个名字，从开始给产品命名的时候，就进入了话语体系，话语体系是品牌的文本传达。

包括产品命名、产品定义和文案等内容，有关品牌的文本内容就是品牌的话语体系，这还包括企业的事业理论、产品科学、品牌文化和企业文化。

符号系统

品牌的logo、产品的包装，包括每个产品带来的独特的感官体验，看着像什么样子，听上去是什么声音，摸起来是什么触感，闻起来是什么气味，吃进去是什么味道等，这些能给消费者带来感官上的信号，就是它的符号系统。

▲　华与华品牌三角形理论模型

所有的品牌工作，就是产品结构、话语体系、符号系统这三件事。没有任何一件关于品牌的工作，不在这三件事之内。而在这三件事之外，也没有任何事情与品牌有关，这就是"完全穷尽"。

绘制品牌三角形，是品牌一生的工作。因为它在不断丰富和发展；在华与华品牌5年计划的第一年，我们会为客户画出基本的品牌三角形，之后每一年的所有工作，都不断地从品牌三角形出发，再回到品牌三角形。

（二）华与华定位坐标系

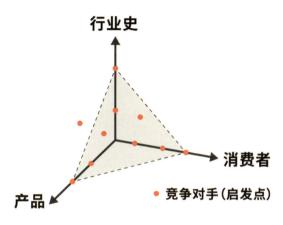

▲　华与华定位坐标系模型

X轴：产品

把产品上所有可供选择的购买理由罗列出来，找出企业成功的基因，华与华方法论叫"企业寻宝"。

Y轴：消费者

看消费者的消费知识、消费观念、购买习惯和使用习惯，看消费者对哪些信息敏感。为消费者提供完整的购买决策信息，降低消费者的决策成本。

Z轴：行业史

一是看行业发展阶段，二是看全球本行业的最佳实践。成功不是靠创造，成功主要是靠模仿。华与华是做"企业基因工程"的，过去成功的基因就决定了它未来可能的机会。

这第三条轴就是我们的企业特性，梳理企业史和全球行业史。企业跟企业是不一样的，一个行业的各企业也是完全不一样的，别人能做的事你不一定能做，你能做的事别人不一定能做。找到自己的基因，然后在全球这个行业的历史里去找全球的行业经验，要把行业里面的经验找出来为我所用。

什么是好创意？奥格威说："Search the world and steal the best"（在全世界寻找，把最好的偷来）。毕加索说："拙劣的艺术家模仿，伟大的艺术家偷窃。"

偷窃不是侵权，任何学科都是历史学，你要首先占有前人的经验。

通过这三个维度的交叉分析，找到一个购买理由，它既是行业发展的趋势，又是消费者十分敏感的痛点，那就是这个产品的定位。

实际上我们做一个案子，先去做企业访谈，再去做市场走访，就是找到横轴上你可能会标出的几个可能选项，就是说你在做调查之前先有一些选择的范围，然后对顾客进行研究。而最重要的还是研究行业的历史，最后再来参照其他的同行，找到你的一个创意点，而且定位是多选择，不是单选择。不是只有一个选择，最终还是靠你创意的爆发。

所有这些都是找启发而不是运算，不是用这个坐标系运算出来一个结果，而是在任何一个地方随时停下来，一切来自启发。

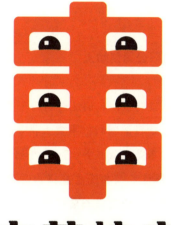

丰茂烤串

华与华超级符号案例点评语

华 杉
华与华营销咨询有限公司创始人

在丰茂烤串的案例里，我们能看到三个亮点。

第一，我们总是在讲创新，事实上指导我们经营的主要是模仿。同行之间不是在找差异，而是在相互学习，不断趋同，目标都是服务顾客。丰茂首先提出并且开创烤串正餐级，最后所有的烤串都会变成正餐级烤串。这就是事业的母体，为这个母体做贡献。

第二，设计非常有代表性。丰茂烤串的超级符号获得了华与华2022年度超级符号大奖，因为它符合三个标准：1.摘取了行业皇冠的王者符号；2.发挥了品牌与生俱来的戏剧性，通过"串"字和"丰"字结合，创造了超级符号；3.具备最强的视觉强制性符号——眼睛，获得了最强的视觉权力。

第三，凡事彻底。为了设计丰茂后厨，我们把后厨里每一个工位的工作都干了一遍。在泰勒的科学管理基础上，我们往前走了一步，不是在旁边看着，而是自己亲自干一遍，这符合华与华行知合一的哲学。

丰茂烤串

品牌定型，企业定心——
成为行业领导品牌，从超级符号开始

很多企业早已经过了品牌上场的阶段，可能经营了十年，二十年，三十年，做得还不错，品牌也有一定的基础。但多是见招拆招，随机应变，而且总是搞品牌升级，最后好像什么也没留下来，这就是品牌没定型。

创立于1991年的丰茂烤串，在产品和体验上都是行业内的领先品牌和代表品牌，在创业30年之际找到华与华。"我们店开得多了，不少人都知道丰茂烤串了，但是在'丰茂烤串'下面就没有什么了，丰茂烤串是什么呢？"丰茂烤串董事长尹龙哲先生，在和华与华项目组沟通的时候，也提出了类似的问题。

引　言

熟悉华与华案例的人会发现，在与华与华合作前后，品牌形象表现为两个明显不同的形式。与华与华合作前，是模糊的；而与华与华合作后，是清晰的。与华与华合作前，是众说纷纭的；与华与华合作后，是众口如一的。

这种前后对比的差异就是品牌是否定型的差异，品牌没定型就是众说纷纭，品牌定型后就是众口如一。

那为什么品牌需要定型？

因为品牌定型之后就定在那里再也不变，而且你每一个动作都能够实现积累，品牌定型就是定大厦根基。品牌定型了，老板才能定心，企业才能定心，最终才能实现长治久安，基业长青。

那品牌怎么定型？

华与华帮助丰茂定位正餐级烤串，并且设计出烤串行业内统治性的超级符号，让丰茂烤串在品牌层面建立起行业领导者的超级势能，实现了品牌定型，企业定心！

第一章

战略定位正餐级烤串：
领跑烤串正餐时代

　　丰茂烤串给华与华提出的课题是"在下一个10年，丰茂怎么样能够领先行业"。面对这样的客户，面对这样的课题，华与华第一步不是去研究市场，研究顾客，而是研究它的历史。因为对于一家已经发展了30年的企业来说，它所有的成功都在它的历史里面，而它未来所有的发展动力也在历史里面。

　　1991年，尹总在吉林省延吉市开了第一家丰茂烤串，当时就30平方米，4张桌子。但失败了，不赚钱。后来他就去研究了延吉当地生意最好的一家烤串店，他发现这个时候的烧烤以路边摊夜宵小吃为主，一般在桌子上放一个火炉，大家自己在这里烤，烟熏火燎的。而这家店找了一个无烟的设备，大家烤串的时候就没有烟。丰茂就学到了，将无烟的设备引入丰茂之后，就开始赚钱了。

　　到1996年，丰茂的生意突然下滑了50%，什么原因呢？当时做烤串都是特别小的店，30平方米、50平方米、90平方米。但有一家叫红太阳的烤串店，其面积比丰茂大，装修也比丰茂好，丰茂的老客户就都去他们家吃饭。后来尹总就拿出了所有的积蓄重新装修扩大面积，之后生意才慢慢又好起来。

到1998年，丰茂的生意又下滑了。因为那时候大家还没有服务的意识，而新开的一家叫东方烧烤的烤串店，他们家见了顾客就说"欢迎光临"，十分热情，把顾客都宠坏了。后来，尹总就把他财务的电脑拿出来，放到了门口给小孩玩游戏，还发香烟，发眼镜布，服务做好之后，生意好得不得了，很快就开到了6家店。

尹总说他特别感谢东方烧烤，感谢红太阳，因为没有它们就没有丰茂的今天。这句话跟华与华关于竞争的哲学完全一致。华与华关于竞争的哲学是什么？是没有竞争，"非竞争论"，因为竞争是一种幻觉，同行是一种假设，我们跟同行的关系更多的其实是相互学习的关系。今天我做得好了他学习我，明天他做得好了我学习他，大家之间拼的其实是学习能力，而最后没能走下去的，就是因为学习能力不强。

后来尹总6年就走出了延吉，之后，他就做出了这个行业最大的一个创新——全自动烤炉。

为什么会有这种烤炉？在北方，大家都会自己烤串，烤出来味道也好。但是走出来后发现外地人都不会烤串，尤其是南方人，烤的要么熟焦了，要么就是不熟。后来尹总想，怎么办？当时所有走出来的烤串店都妥协了，他们选择从后厨烤好之后再上，但是比现烤的味道差很多。

尹总当时没有服输，他就让所有人一起想办法，最后让一家餐饮企业完成了一项科学发明，就有了今天的全自动烤炉。其实从这一天开始，真正的东北烤串才打破了区域限制走向全国。后来，全行业跟丰茂学习，如今的烤串店已经都使用这样的自动烤炉了。

此外，丰茂还在产品上做创新。在丰茂可以实现"万物皆可烧烤"，你能想象在一个烤串店吃雪花牛排串吗？还有羊排串，还有烤榴莲、波士顿龙虾，在米其林西餐厅吃到的食品在丰茂也都能吃到。

丰茂还有一种特别大的K歌包厢，达40平方米，像百度、IBM这些世界500强，他们举办团建活动也会选择去丰茂吃烤串。

后来丰茂的门店也慢慢开到了一些核心商业圈，比如北京的国贸、华贸，上海的淮海中路。

可以说，丰茂烤串的发展史就是烧烤行业的发展史，并且始终领跑着行业发展！

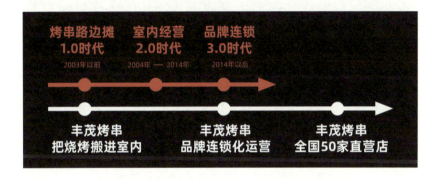

其实，丰茂烤串成功的真正原因，就是颠覆了路边小摊小贩的传统烧烤，通过自主研发出无烟烤炉，极致的环境、服务、食材和烧烤技术等，把烧烤从街边店开进了商业中心。到今天丰茂烤串已经成了一个500强大厂团建撸串的首选，丰茂烤串一路发展，量变实现质变。

而且我们发现，传统认为烤串是夜宵产品，而如今更多人则是在晚餐甚至午餐时间来吃丰茂烤串。"正餐时间吃烤串"，这是烤串行业历史性的变革，这也是丰茂成功的真正原因之一。

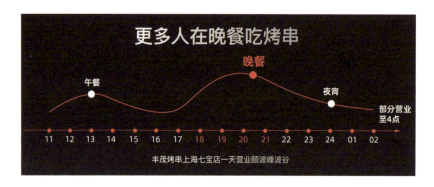

　　可以说，曾经的夜宵烧烤已经进入了正餐市场，并且有可能会成为原来传统正餐火锅的替代者。因为烧烤跟火锅其实是兄弟行业，它们在标准化和社交氛围等方面非常相近，而且烧烤行业是仅次于火锅的第二大餐饮品类，所以所有人都希望烧烤行业能够诞生下一个海底捞，但是什么样的企业是下一个海底捞？

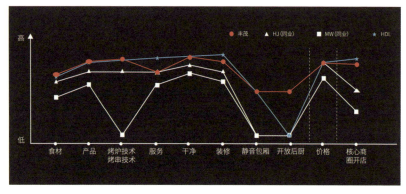

▲　经营活动价值链图

华与华分析了丰茂、海底捞，包括烤串行业的整个经营活动图。答案一目了然，烤串界的下一个海底捞，就是要用更好的环境、更好的服务、更丰富的产品，进入正餐的大市场。

所以，丰茂如今要做的事情其实就是释放过去30年成功的真正原因，让它过去的良知、良能成为明确的品牌战略，让它过去的持续领先，到今天依旧能够成为正餐化的领先。

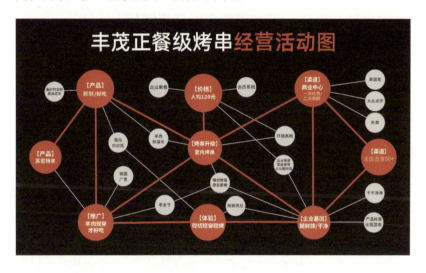

在对丰茂烤串的业务进行了完整的梳理和提炼后，华与华为丰茂烤串提出并确立了"正餐级烤串"的战略定位，开创了"正餐级烤串"的新品类。

1. 对内战略定心，明确未来竞争壁垒的构建路径。

对于企业内部，正餐级烤串，确定了方向，统一了思想。围绕着"正餐级"规划我们的产品结构、服务体验、营销活动，在烤串正餐化的趋势下，提前占位，并不断构建丰茂的竞争壁垒!

过去丰茂更多是在摸索中前进，在明确正餐级烤串的品牌战略之后，丰茂的每一个动作都有判断标准和优先次序，这是丰茂在下一个十年能够持续领先行业的关键。

2. 对外建立差异，重构消费者的选择逻辑。

"正餐级烤串"建立了一个新的品类，丰茂是正餐级烤串品类的开创者。这就是词语的力量，说出来存在，没说出来就不存在。当消费者想吃烤串时，就进入了我们的分类逻辑，有两种烤串，一种是普通烤串，另一种是正餐级烤串。

3. 向后碾压传统烤串品牌，向前跨界分食正餐市场。

相比夜宵，正餐是更大的市场和更高频的选择! 不仅夜宵可以撸串，正餐也可以吃烤串。传统烧烤是以夜宵时段为主，但是丰茂烤串

的客流高峰期却是集中在晚6点至晚9点的正餐时段。

　　战略定位是正餐级烤串，丰茂烤串就能跳出传统烧烤的竞争环境，让资本、社会、顾客、人才、政策五个市场重新认识丰茂烤串。正餐级的服务、正餐级的产品、正餐级的环境，让丰茂烤串从过去的烧烤品牌之一，成为正餐级烤串的第一品牌，引领烤串行业的第四次创新！

第二章

创意在烤串行业内：
最具统治性地位的超级符号

　　每次华与华的设计一出来，你会发现就是它，就不可能是别的，没有第二选项，而且它能成为这个行业里面统治性的符号，能够代表整个行业！丰茂烤串就是这样的又一个案例。

　　这里的思考就来自华与华对标志的认识，即"信号""识别""图腾"的三位一体，而且永远是把信号放在第一位的。但全球品牌的VI系统则是以识别为核心诉求，这是一个全球品牌理论根源性的错误。

品牌的英文是"Brand"，这个词本身是"烙印"的意思，最初是牧民为了放牛的时候区分不同家的牛，便在自家的牛身上烙一个印，别人家也会烙一个印，以此来区分不同家的牛。品牌从这一天开始，也从这一天开始有了错误。这是一个历史性的、词语性的、底层逻辑的错误。因为根本目的就是错的，企业做品牌的第一目的是区分吗？如果大家做品牌像放牛一样，今天放出去，能看到那是你们家的牛，这是我们家的牛，但最后顾客一个也没买，又有什么用？

巴甫洛夫给出了一个"标志"最好的标准和目的："人的一切行为都是刺激反射，而刺激信号越强，则行为反射越大。"

所以说，做品牌设计，其实是要释放一个最强的信号给顾客来实现他的购买行为，而这样的一个标志，最好是符合三个标准：最强的品类信号、最强的品牌信号、最强的信号能量。

丰茂烤串原有的品牌标志设计，就是从识别功能出发，将品牌名称的第一个"丰"字提取出来，异形为"丰字符"的视觉信号系统，虽然做到了和别人都不一样，但是顾客不知道这个信号要他们做出什么样的行为反射。

华与华做品牌标志，首先要考虑的就是我们要发射什么信号。

两千年前，酒馆在门口大大地挂一个"酒"字，路过的人就知道你是卖酒的，因为你对他发送了这样的信号。这里的"酒"字比店家的名字（现在又叫品牌）更重要，因为他是路人更需要的信号。直到现在，仍然有不少烧烤店会把"串"字作为侧招大大地放在店门口！

其实每个行业都有且只有一个最能表达这个行业的符号，我们称这样的符号为行业的皇冠。而如果一个品牌能够占据这个符号，它就能够成为这个行业的王者符号，为什么？

因为所有的品牌都想表达自己的品类，例如烤串店想告诉所有路人"我这里是一家烤串店"。而当你占领了行业符号，你就是这条街上最强的品类表达。

1. 继承烤串五千年的文化原力。

中文里的"串"字是象形兼指事字，图形即文字，文字即图形。串字从象形文字诞生至今，始终都保持着这一形态，积累了五千年的文化原力，到今天就成了烤串业最强的品类信号。

甲骨文　　金文　　战国　　小篆　　隶书　　楷书

　　所以华与华就发挥了品牌与生俱来的戏剧性，将丰茂品牌寄生在图形化的"串"字符上面，创意出了"丰字串"的符号。第一眼看这是一个"串"字，但也知道这是一个"丰"字，品类信息、品牌信息二合一，既实现了品类的表达，也实现了品牌的表达。

　　这样，就能一边发送"这里可以撸串"的销售信号，一边发送品牌的识别信号。用品类来表达品牌，让品牌标志直接实现销售！

表达品牌 代表品类

2. 用视觉强制性符号让刺激信号能量最大化。

信号系统包含了生理心理学，还是巴甫洛夫的两句话：第一，人的一切行为都是刺激反射行为；第二，刺激信号能量越强，行为反射越大。

"丰字串"向顾客发送了一个"这里可以撸串"的信号，谋求顾客进店撸串的行为反射。如果想要让更多的顾客进店撸串，就要放大"丰字串"的刺激信号能量。

而有一种符号的信号刺激，能够形成强烈的"反射"，释放出巨大的心理和社会能量，拥有绝对的视觉权力，这样的符号大家称为视觉强制性符号！而眼睛就是大家已知的视觉强制性最强的符号。

因为注视眼睛是人类天性，人们在交流时总爱看着对方的眼睛。而且一旦有一双眼睛看向你的时候，你的视线就会不由自主地停下来和它对视！大家可以从自己身上去观察。人对于外界所有的视觉现象，最敏感的就是眼睛。

英国埃塞克斯大学等机构在《生物学通信》杂志上发表的一篇报告中，描述了这样一个实验：他们让志愿者看各种生物的图片，有的生物眼睛长在头上，有的生物眼睛长在比如手臂等其他位置上，然后对志愿者的目光进行追踪。

结果显示，志愿者第一眼通常都会往图片中间看，然后迅速转移到眼睛的位置，并更多地注视那里。如果图片里的眼睛长在头部，志愿者就会盯着头部区域；如果眼睛长在其他位置，志愿者就不会看向头部，而是找到眼睛后并锁定那里。研究人员说，这证实眼睛在心理学上有特殊作用。

所以当我们为"丰字串"添加了视觉强制性最强的符号——眼睛，"丰字串"的刺激信号能量就会得到几何级的放大！

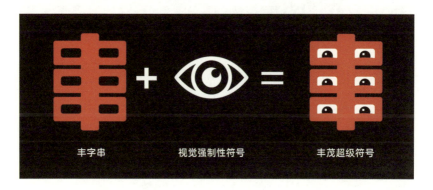

最重要的是，通过这个创意，我们得到了一个能够注册的，把行业信号私有化的超级符号，相当于我们直接将"串"字注册成了品牌资产，为丰茂烤串摘取了烤串行业里面唯一的王者符号！

如果说整条街道是一个货架的话，那占据了烤串品类最强视觉信号的，占据了这个行业王者符号的丰茂烤串，会第一时间吸引你的注意，第一时间让你知道这就是个烤串店。这就是王者符号的价值，它出现的任何地方都具备了唯一性、权威性和排他性，成为这个行业的第一品牌。

第三章

拳头产品再开发：
羊中大熊猫，丰茂熊猫羊

华与华＝战略咨询公司＋产品开发公司＋广告公司，因为所有的事都是一件事，战略、营销、品牌、产品、广告要在一个体系里完成。

对于丰茂烤串，华与华设计了烤串行业里的王者符号，提出了正餐级烤串第一品牌的战略，还要开发出正餐级烤串最具代表性的产品。

烧烤品牌的产品就是食材，所以每个烤串品牌都在强调自己的羊肉品种。丰茂烤串董事长尹龙哲，为了找到内蒙古最好吃的羊肉，带领团队亲赴内蒙古，每到一个草原就吃当地的羊肉，从早吃到晚，一路吃遍了六大草原。经过实地试吃后发现，一般的羊肉吃到第二天就腻了，只有来自锡林郭勒盟的苏尼特羊，连吃七天都不腻。

所以丰茂团队当即决定选用苏尼特羊为丰茂烤串的招牌羊肉来源，并且提出了"苏尼特羊，好吃不膻"的产品话语。

但是后面在经营的过程中发现，虽然苏尼特羊的顾客口碑很好，可是在介绍苏尼特羊的时候难度特别大，顾客记不住，也很难传播出去。

在华与华产品开发方法论中，产品的本质就是购买理由和使用体验，产品开发就是洞察一个购买理由，提出一句话语，再用产品去实现它。

苏尼特羊，好吃不膻。因为这款产品已经带给了顾客很强的使用体验，所以针对这款产品的再开发，就是对购买理由的再开发。

购买理由是我们向顾客发送的产品的信号，当我们发送的信号是苏尼特羊的时候，不认识"苏尼特羊"的顾客，既不知道它来自内蒙古，也不知道它的价值，对这个信号就不会产生行为反射。

语言哲学家海德格尔说"词语就是召唤"。苏尼特羊这个名字召唤不出任何画面和价值，沟通成本就很高。所以开发这款产品的购买理由，第一件事就是更改产品名字。

经过资料查证，华与华发现苏尼特羊因为独特的黑眼圈外观，长相酷似国宝大熊猫，所以当地牧民们都叫它"熊猫羊"。进一步挖掘后得知，苏尼特羊数量稀少，2020年全国羊出栏31 941万头，其中

词语就是召唤

语言哲学家海德格尔说"词语就是召唤"。
比如我们说"太阳"这个词，马上就把太阳的画面感召唤到我们的脑海里。我的脑海里，和你的脑海里，出现的是同一个画面。

我们取品牌名字也是，一个命名，就要把那商品召唤来，也要把那顾客召唤来。

苏尼特羊只有55万头，仅占全国出栏量的0.17%，和大熊猫一样数量稀少！

因此华与华将苏尼特羊重新命名为"丰茂熊猫羊"，当命名为熊猫羊的时候，这个词语召唤出来的，就是和大熊猫一样珍贵、珍有的国宝级别的羊，让最好的羊肉成板上钉钉。

全世界都知道大熊猫，全世界都遍布着大熊猫的粉丝，所有喜欢大熊猫的顾客，收到这个信号后都有可能做出行为反射！通过这个命名，不仅可以把苏尼特羊独特的、珍稀的价值召唤出来了，还把喜欢大熊猫的顾客也召唤出来了。

除了命名，华与华还创意出"羊中大熊猫，丰茂熊猫羊"的超级句式。羊中大熊猫就是下断言，这就是最好的羊，是独一无二的、极其珍贵的羊！同时，把查证到的数据转化为"1000只羊中约有1只"的话语，强化熊猫羊的购买理由。用最直观的数字来放大刺激信号能量。

羊中大熊猫，丰茂熊猫羊。1000只羊中约有1只！虽然整个产品的购买理由中没有出现极限词语，却实现了极限的修辞：通过拳头

丰茂熊猫羊

履历表

丰茂熊猫羊精选自内蒙古苏尼特羊，因为外观酷似"国宝"大熊猫，数量稀少——1000只羊中约有1只，所以被称为熊猫羊。

国家地理标志保护产品

苏尼特羊是内蒙古首批获得国家地理标志保护产品的羊肉品种

熊猫羊被国家质检总局列为内蒙古自治区首个国家地理标志保护产品。

吃沙葱喝清泉天然放养180天

因运动量大，羊肉多汁细嫩，口味鲜美，好吃不膻，以200多种名贵食用植物和中药为食，肉用价值极高

羊中大熊猫
丰茂熊猫羊

1000只羊约有1只！

产品的再开发，帮助丰茂烤串在羊肉串产品中，占据了最好的羊肉认知。

最后，还要让"熊猫羊"找个产品正式登场，怎么登场？

华与华把这个符号具象化之后，设计了一个熊猫羊的底座，作为盛放熊猫羊肉串的餐盘，把它放在每一个顾客的桌上，引导顾客桌桌必点。

▲ 原来行业的出餐与熊猫羊的出餐

第四章

门店元媒体推广系统：
新品上市点单率提升29.6%

在华与华方法的媒介环境学理论中，把媒介分为"元媒体"和
"延伸媒体"。延伸媒体，是我们需要花钱购买才能使用的媒体，比
如电视、网络、机场广告牌等。

元媒体简单来说就是我们自己身上的，不花钱就可以使用的媒
体。比如对快消品来说，元媒体就是产品包装；对于门店来说，元媒
体就是门头和店面。

一般品牌在新品上线的时候，可能会很在意怎么花钱去做推广，
对元媒体的应用反而不重视，甚至是忽视。但是元媒体不仅是企业最
大的免费媒体，更是对企业销售起决定性作用的战略道具。

丰茂烤串新产品"熊猫羊"系列一经上市，项目组就马上选择了
丰茂烤串上海吴中路店作为样板门店，开启门店的全面媒体化广告工
程。根据顾客在门店里面的动线，设计全流程接触点体验。

首先，在消费者进店前，将丰茂熊猫羊的新品发布主题定为"丰
茂烤串镇店之宝发布"，在楼梯口和店门口拉横幅，营造活动氛围，

吸引消费者进店，制造消费者期待。进店后，通过遍布整个门店的吊旗，重复营造阵列感，把新品上市节日化，放大新品上市的信号能量。

区别于快餐，丰茂烤串的门店没有前台，点单都是直接在座位上扫码进行的。所以就将座位区直接开发成收银台，顾客在落座后，通过沙发贴、立式菜单和烤炉遮板三大件拉出熊猫羊物料360度的环绕包围圈，在半封闭的环境里面持续释放熊猫羊的刺激信号。

在扫码点单的时候，扫码牌上再做最后一次提醒，并且在点单小程序的菜品图上露出熊猫羊的形象。这样就实现了从门店氛围物料到扫码下单的全流程接触，持续影响顾客的点单偏好，让顾客下单熊猫羊就像坐滑梯一样，一路滑到下单按钮。

丰茂烤串的门店元媒体系统，将整个门店设计成了一个高效的转化工具，在没有花钱做额外推广的情况下，让门店自己会带货！

经过门店的全面媒体化广告工程改造后，丰茂烤串上海吴中路店的苏尼特羊肉串，单品的点单率从62.5%提升到了81%。

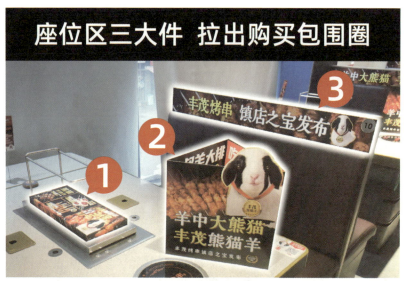

第五章

凡事彻底:
将平凡的事情创造出更多的价值

其实所有的创意都是运气,华与华并不能保证每一次都能产生这样好的创意,但绝对能做到凡事彻底。

华与华的企业文化讲求凡事彻底,也就是在顾客的每一个事情上都实实在在地去帮助,把平凡的事情做出不平凡的东西,创造更多的价值。

曾经因为疫情的影响,丰茂全国门店也在关停状态。华与华便跟丰茂一起研究原来"串到家"的产品,做全员营销。全员营销落地之后,帮丰茂实现了快速地资金回流,全员营销占据了整个疫情期间全国门店40%的营业额。

华与华也帮丰茂做营销活动,丰茂之前有一个老友节,华与华接过来之后继承了老友节的品牌资产,进一步积累"老友到,吃丰茂"的资产,而且实践的活动期间营业额环比提升135%。丰茂烤串形成全新品牌后,在上海的创富微店,开业的第一天就实现了丰茂烤串的全国门店营业额最高,突破了10万元每天的营业额,而且当天招牌产品熊猫羊肉串卖断货。

营销活动 全新门店

营业额　全国最高　　营业额 10万/天　　熊猫羊肉串 卖断货

另外，华与华也会为客户提供一些管理咨询服务。因为丰茂以前有"小改善大奖励"这样的内部活动鼓励员工拿出提案，华与华也有这样的传统，华与华就帮丰茂策划了首届全员改善大奖赛，一次性就收集了700多份的改善意见，比丰茂过去这么多年收到的改善意见都要多。

华与华的空间设计师要帮丰茂研究后厨，进后厨的首要条件是持有健康证和培训证。在换上后厨的衣服后，设计师在丰茂的门店整整待了5天。从穿串、刷单、做单、代烤，到压冷面、炒饭，每个岗位都干过。因为只有每一个岗位都做过，才知道员工什么样的动作是最舒服的；只有每一个岗位都做过，才知道什么样的工序是最有效率的。最终帮丰茂带来了什么成果呢？

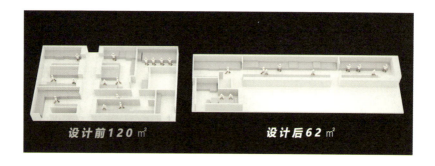

设计前120㎡　　　　　　　　设计后62㎡

丰茂原来匹配一家400平方米的店，需要120平方米的后厨，而华与华改善之后只需要62平方米，最大的变化就是将一个个的小隔间打通，形成一个流水化空间。丰茂上海区的运营负责人算了一笔账，就这一个改善，单单成本、房租和人力的节省，在全国丰茂落地之后，一年能够帮他节省1176万元的支出，这就是华与华为他带来的价值。

品牌设计三位一体

华与华的品牌设计三位一体，即"信号""识别""图腾"的三位一体，而且永远是把"信号"放在第一位的。

微观经济学里说：广告是企业为了应对信息的不对称，给顾客发信号。我们发射一个信号，谋求顾客的一个行为反射，达成销售和播传。所以对于品牌标志而言，信号功能永远是放在第一位的。

但是目前市场上的主要现象是，"识别"有了，"图腾"有了，但是"信号"没有了！没有发射信号就没有行为反射，一旦"信号"没了，就什么都没有了。

为什么出现这种情况呢？这就要说到全球品牌的历史性错误。

VI 系统是全球品牌的历史性错误

识别就是VI系统的"Identity"，VI系统就是视觉识别系统。用视觉识别系统做品牌，追求的是要和同行不一样，让消费者识别。但识别不是我们的目的，因为识别出来也不一定带来销售。

做品牌的最终目的是发出信号，谋求受众的行为反射。就像是我们给蜜雪冰城设计招牌和门店，不是为了区隔奶茶同行，我们的目的是发信号告诉所有人，这里有奶茶和冰淇淋出售，快来买。

全球品牌的VI系统以识别为核心诉求，是因为"Brand"这个词有问题！"Brand"的词源是"烙印"的意思，烙印就是为了区隔，以前人们放牛的时候，大家的牛都放在一起吃草，容易分不清，所以你烙一个三角形，我烙一个圆圈，这样就可以把各家的牛区分开来。把"烙印"和"区隔"当作"品牌"，所以整个行业倾向于识别设计。

Brand

n.品牌

词源:烙印

　　而品牌一旦建立在"识别"上，就很容易被企业自己图腾化。就像现在企业搞团建的时候，同事之间一分队，马上就开始取队名、画队旗一样，这是从原始人就开始的图腾需要，是一种内部需要，企业内部也需要图腾来凝聚团队。

　　所以品牌的理论原来主要都是在烙印，也就是在"识别"和"图腾"上面，但这两个都是向内的，其实都是满足自我的。当企业把品牌标志理解为图腾，并且会想当然地认为它也是顾客的图腾。但是对于顾客而言，品牌标志其实是一个产品和服务类别的信号，不会和企业一样对它产生图腾崇拜。

　　由于Brand词源含义是"烙印"，VI系统又以识别为核心诉求，企业又以图腾来自我满足，于是，品牌形象越来越有格调，设计越来越"高级"，信号反而越来越弱，消费者没有行为反射，最后广告无效！

　　华与华则坚持对仅有"识别"和"图腾"之类的设计保持警惕，图腾最终会走向崇拜，识别则首先要记忆，能记忆才能够播传。而做品牌更应该服务于最终目的，关注对顾客的行为反射。信号就是行动，所以我们首先要的就是"信号"。

所以华与华方法提出，品牌标志是"信号""识别""图腾"的三位一体，并且要始终把"信号"和"信号能量"放在第一位，这也是华与华一直都能成功的真正哲学原因。

小葵花®

华与华超级符号案例点评语

华 杉
华与华营销咨询有限公司创始人

华与华方法中有段话："华与华方法是一套让企业少走弯路的经营哲学、企业战略和营销传播方法，通过超级符号理论和战略、营销、品牌三位一体的解决方案（所有的事都是一件事），以至诚至善、凡事彻底的工作态度，帮助客户企业成为所在行业基业长青的领导品牌"。这一段话也是我们在葵花做到的。

当时看到中国没有专业儿童药这个社会问题，正好葵花又有12个OTC儿童药的品种，有基础和资源禀赋，然后我们就制定了儿童药的战略，设计了小葵花的超级符号，设计了所有的包装，拍了所有的广告。确实是所有的事都是一件事，在这里得到了完整的体现。

那为什么做罕见病药以及做5毫升、2.5毫升一支？正是做了这些不挣钱的事，才能最后挣到钱。因为品牌是对顾客的完整承诺，你保护中国儿童用药安全，任何时候找你都好使，交易成本最低，这样大家就都找你。

还有一个价值就是跟下游的关系，也就是"迈克尔·波特的五力模型"。我们不能只看谁来抢饭碗，实际上给我们饭碗的人比抢我们饭碗的人要重要得多。所以经营是综合的博弈。

小葵花儿童药

完整代表华与华方法的完整案例

2022年，华与华与葵花药业（股票代码：002737）已经牵手15年，其间经历了三分三合的故事，实际合作时间也有9年之久。从2007年开始，华与华深入葵花药业的企业经营中，提出"小葵花儿童药战略"，确立了"保障中国儿童用药安全，呵护中国儿童健康成长"的企业经营使命，从此风雨同舟。

至今，葵花药业从2大过亿单品已发展到11大过亿品种，儿童药的品种数从12种增长到69种，企业年销售额从8亿元到超60亿元，实现了650%增长；小葵花儿童药品牌形成了69个专业儿童药产品组合，成就了中国儿药第一品牌！

引　言

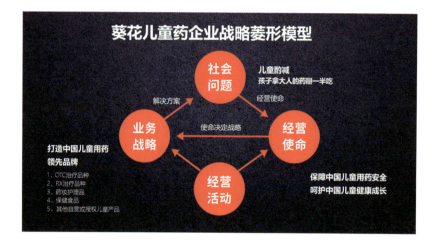

　　如果问在使用华与华方法的20年历史里，哪个项目最能够完整地代表华与华方法，那就是小葵花。

　　因为它最符合华与华对于华与华方法的完整定义："华与华方法就是一套让企业少走弯路的经营哲学、企业战略、营销传播方法，通过超级符号理论和战略、营销、品牌三位一体的解决方案（所有的事都是一件事），以至诚至善、凡事彻底的工作态度，帮助客户企业成为所在行业基业长青的领导品牌！"

　　小葵花，在企业战略上，制定了"小葵花儿童药战略"，确立了

"保障中国儿童用药安全，呵护中国儿童健康成长"的经营使命，规划了50亿元的儿童用药事业版图；在整个品牌端，创作了超级形象小葵花娃娃，用它统领了所有的包装；又拍摄了所有的电视广告；再到营销日历、公关大会；等等。所有的事都在华与华方法体系里一次做对，一次做全，所以说小葵花是当之无愧的最能够完整代表华与华方法的完整案例。

小葵花用15年的时间形成了儿童药最完整的战略菱形模型，并且将企业战略植入企业的每一个行动中，让每一个行动都是战略行动，都具备战略价值、战略意义，都能够积累品牌资产！

第一章

提出"儿童药战略"：
明确小葵花的企业经营使命

2007年，华与华刚开始和葵花药业合作，当时葵花有两大拳头产品，葵花胃康灵和葵花护肝片，这两个产品的年销量大概是7个亿，其他产品1个亿，葵花已连续3年在8亿元徘徊。于是，如何突破企业增长上的瓶颈，是葵花迫在眉睫要解决的问题。客户给华与华的课题是，如何给葵花找出第三个产品。

当时，大家经常能在报纸上看到关于儿童用药安全的社会问题，我国每年有不少儿童因为用药不当导致耳聋。

因为家长用药的指导一般就是药品说明书，但是以前的药品说明书在用法用量上经常会出现这4个字："小儿酌减"。酌减是什么意思？就是家长你看着办。所以在过去的很长一段时间都是成人的药掰一半给孩子吃，这就是儿童用药的最大隐患。

研究发现，当时在3500多个药品制剂中，供儿童专用的剂型仅60种，98%的药物没有儿童剂型，大量用药都是参照成人药品说明书而"小儿酌减"。

这个巨大的社会问题却从来没有人，没有任何一个企业去真正关心、真正解决，所以当时的中国急需一个专业的儿童药品牌的出现。为什么小葵花能做这个事儿呢？企业战略既要基于社会问题，也要基于企业自身或者企业家自身的资源禀赋，华与华发现葵花正好有12个非处方儿童药品种，这是华与华当时为葵花制定儿童药战略的基础。

一个社会问题，就是一个商业机会。企业战略不是企业的战略，而是解决某一社会问题，为社会制定的战略。企业战略就是企业社会责任战略，企业社会责任不是企业的义务，而是企业的业务。

所以，2007年在华与华的第一个季度提案中，华与华就为葵花提出了"儿童药战略"，确立了小葵花"保障中国儿童用药安全，呵护中国儿童健康成长"的经营使命。

小葵花儿童药战略，是为解决中国儿童用药安全而制定的社会责任战略。从此小葵花品牌在"保障中国儿童用药安全，呵护中国儿童健康成长"的使命下砥砺前行，"儿童药战略"成为葵花药业集团第一战略，是企业不可撼动的最高纲领！

第二章

规划小葵花儿童药产品结构和业务组合服务

企业的经营使命决定了企业的业务战略，战略就是要用一套产品结构和业务组合的规划去解决社会问题。

1. 搭建儿童药产品结构，开辟百亿儿童事业领域价值版图。

产品战略是企业发展的路线图，包括做哪些产品，每一个产品扮演的战略角色和承担的战略任务，以及推出的战略次序。

这个次序，就是华与华围棋模型中说的金角银边草肚皮。先用一个广告打起来一个单品，这就是个金角；再用金角带起来一个强相关的品类，就是银边；再用下一个单品打广告，再带起一个品类，这就是另一个金角银边；两三个金角银边的形成就能收割更大的品类市场，这就是草肚皮。

所以从2007年开始，葵花药业通过重组及收购其他非处方儿童

166

华与华围棋模型 & 战略镰刀

战略就是下围棋，金角银边草肚皮
金角占据制高点，银边拉出包围圈
镰刀收割草肚皮，天下归心成大局

金角银边——品类权威 / 竞争壁垒
草肚皮——边际效应 / 战略镰刀 / 从会战到决战

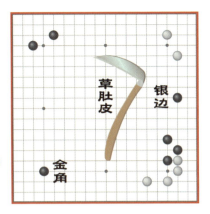

药，再发展到儿童保健品，再延伸到儿童个人护理用品。从一个品类一条产品线开始规划葵花儿童药产品结构，通过不断地经营，小葵花的品牌效益越做越大。它成功实现了从药品OTC到整个儿童板块的收割，最终搭建出了一个百亿的儿童事业领域价值版图。

2007年，小葵花扎下第一个金角产品"小儿肺热咳喘口服液"，通过投入大广告，以品种代品类，建立品牌，带动小葵花呼吸系统品类如小儿化痰止咳颗粒等数十个品种销售。

重新定义每一支产品的战略角色与推出次序

第一支金角产品 —— 小儿肺热咳喘口服液

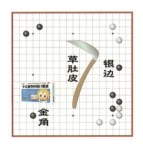

2008年9月，为了把小葵花儿童药构建为结构化的强势品牌，华与华为小葵花提出了儿童药品牌战略围棋模型。

首先，通过对解热镇痛、呼吸系统、消化系统、抗感染及儿童营养补充剂等类别的完善，构建小葵花专业儿童药专业的、完整的产品结构。

其次，把小葵花打造成为中国最专业的、品种最齐全的、用药最安全的儿童用药，在剂型、服用方便性、安全性、口味刺激性等方面做足功课。再者，扩充儿童营养补充剂的产品结构，实现利润的最大化。

最后，通过拳头产品来打造品牌版图，带动整个产品线的销售。这就有了小葵花儿童药家族最早的雏形。

企业战略解决某一社会问题，解决方案越完整，则社会交易成本越低。解决的社会问题越大，则企业市值越大。

推出儿童退烧药产品，弥补小葵花儿童感冒咳嗽品类空缺。

2010年3月，小葵花虽然有强势的儿科咳嗽品种，但在整个儿童感冒咳嗽产品结构中，却缺少儿童药"退烧药"的拳头产品，于是小葵花又新增儿童药的退烧药产品。今天小葵花儿童药"小儿柴桂退热颗粒"就是小葵花为儿童推出的中药退烧产品，也是葵花11大过亿品种之一。

推出儿童消化系统用药，拉出小葵花儿童消化系统品类银边。

2010年9月，小葵花从产品结构出发，以小葵花止泻灵糖浆产品锁定儿童消化止泻类最大的"拉肚子"场景，连同健儿消食口服液、小儿麦枣咀嚼片逐步带出小葵花儿童药产品系列银边，构建出清晰的小葵花儿童消化系统品类结构。

推出儿童生长关键期用药，补充儿童维生素补充剂领域产品。

2011年3月，葵花药业洞察到我国是中度亚临床儿童维生素A缺乏国家，家长普遍认为在儿童成长关键时期，需要补充关键维生素。华与华又相继为小葵花开发了小儿十维颗粒，作为儿童维生素补充剂领域的产品补充。

以剂型零食化，诉求功能化，规划儿童维生素及矿物质品类。

2011—2013年，又进一步完善了维生素及矿物质品类战略，以"剂型零食化，诉求功能化"陆续推出了其他维矿类产品。

制定企业战略，最有远见的思维方式就是从思考我为社会解决什么问题开始。什么是使命？永远完不成的就是使命。永远完不成，又永远需要人去干的事，从中就找到了企业永续经营的逻辑。

小葵花儿童药战略，虽然带动了整个儿童药行业的竞争，让市场有了更多的儿童药品，但是真正适合儿童的精准解决方案的产品和剂型，还是非常稀缺。

做透儿童呼吸系统专用药，涵盖各年龄段，实现从品种到剂型的遥遥领先。

2013年，小葵花再次提出儿童药战略，开发呼吸系统的儿童专用药品，全面涵盖儿童各个年龄段，真正实现从品种到剂型的遥遥领先。

开发小儿感冒颗粒产品，让1岁内婴儿也可以用。

2013年小葵花推出小儿感冒颗粒，让1岁内婴儿也可以用。

锁定两大西药感冒药品种，创意超级符号"7"，一"7"两吃。

2014年11月，锁定市场最大的两个西药感冒药品种，推出小儿氨酚烷胺颗粒和小儿氨酚黄那敏颗粒。在包装上用超级符号"7"，强化"缓解7大感冒症状"的产品购买理由，一次性统领2个产品包装，实现一"7"两吃。

开发盐酸氨溴索口服溶液2.5ml规格，解决量杯用药不准确问题。

2014年，华与华还发现市面上一个最普通的儿童祛痰品种"盐酸氨溴索溶液"没有适合儿童的剂型，说明书上注明2～5岁儿童，每次2.5毫升，一日3次。妈妈需要用量杯反复去量，"用量精准"成为妈妈给孩子用药的痛点。

于是，小葵花又推出了盐酸氨溴索口服溶液2.5ml规格，后续又开发了5ml规格，适合各年龄段儿童使用，解决了妈妈量杯用药不准确的问题。2017年，小葵花牌盐酸氨溴索口服液荣获"2017年度中国非处方药产品综合统计排名化学药·止咳化痰类第二名"。

虽然2.5ml、5ml规格的开发会增加企业将近15%的成本，却保证了每个年龄段孩子的安全用药，是在为中国儿童的安全用药托底。

2. 引进中国罕见病药物，坚持致力于为中国儿童健康服务。

罕见病是什么概念？就是发病率极低，在万分之一以下。所以很少有企业愿意去做儿童罕见病药物，因为投入高，收益少。但是没有药，患者怎么办？

2021年11月底，一则社会新闻——"河南郑州母亲为救自己儿子，从海外代购罕见病儿药，涉嫌走私贩卖毒品，被判贩毒不起诉"——引起社会广泛关注。诊断难，买药难，用药贵，一直是儿童罕见病患者治疗领域的三大障碍。

2021年底，葵花药业集团与印度瑞迪博士达成了两款儿童罕见病药战略推广合作，本次引进的"氨己烯酸散"，正是上述"贩毒母亲"孩子所患罕见病的对症药。

葵花药业总裁关一女士在合作签约仪式上说：

"用妈妈心，做儿童药！用妈妈心，引进儿童药！小葵花品牌一直致力于为中国儿童健康服务，此次在国内均无销售的两款罕见病儿药的战略引入，将会使儿童罕见病临床稀缺的药品在国内购买得以实现，让每个患者都能及时买得到药。"

▲　左边为葵花药业总裁关一女士

3. 公关是企业尽社会责任的产品。

　　公关是企业尽社会责任的产品，"中国儿童用药安全大会"推动儿童药行业变革。

　　2014年，华与华继续向小葵花提出了开发战略公关产品，举办"中国儿童用药安全大会"，来推动儿童专用药物的发展，促进行业及全社会对儿童用药安全问题的关注，加强儿童用药监管推动先进合理的儿童药品安全包装以及广告法规的制定和发展。

　　2016年，"首届儿童安全用药传播与发展大会"现场发布了《五岁聋儿的无声诉说》的公益视频，引发"儿童安全用药"这一社会问题在社会各界的广泛热议，一石激起千层浪：重塑了政府、行业、社会对"儿童用药安全"的认识。后来，国家也从政策层面先后发文，鼓励和支持儿童药的研发和评审上市。

一石激起千层浪

小葵花登上首都各大媒体头条

　　"儿童要用儿童药"，9 月 6 日起，由小葵花联合中央电视台共同推出的公益片在央视一套连续播出，主人公浠诺的诉说振聋发聩。该片上线网络后更获得了极高关注，在短短一周内播放量已突破一亿，引发极大反响。人民日报、央视新闻频道、央视少儿、《瞭望》新闻周刊、新华网、中华网、中国新闻网、环球网、网易、光明网、21CN 综合等各大媒体网络分别进行了专题报道和转载分享。

人民日报：
儿童要用"儿童药"

　　人民日报特发表时评《儿童要用 "儿童药"》，文章针砭时弊，直言儿童专用药面临的困境，全文如下：

　　儿童用药安全是一个社会性问题，不是单纯改善某一个环节就能解决的，需要全社会的力量共同协作。

　　央视近日播出一则儿童安全用药的公益片，主人公浠诺用手语诉说自己因用药不当致聋的经历。我国聋哑儿童中，抗生素引起的药物中毒性耳聋已逾百万，每年新增 3 万人。

　　华与华为小葵花设计的"儿童要用儿童药"标志，作为大会上倡导儿童安全用药的标志被广泛传播。它既是企业公关产品符号，也是中国儿童安全用药的社会公益符号，这就是企业战略和企业社会责任战略的重合和链接。正如，商业动机不应被掩饰而应被放大，应与人类时代的宏大叙事相结合。

4. 更新小葵花儿童药品说明书规范，完善儿童安全用药解决方案。

大部分药企把制作药品说明书当作一个常规的工作，密密麻麻全是字，但是这样的药品说明书背后可能会有巨大的隐患。

有一则新闻：湖南一位爸爸在给孩子喂药的时候，错把一次3/5片看成了一次3～5片，最后孩子因为用药过量，昏迷了三天才抢救过来。

所以说虽然是一张小小的药品说明书，但是家长看错或者误解，就很可能导致事故。项目组发现了这个关键点，所以在2008年，就对小葵花的药品说明书进行了改革，直接放大了用法用量，清晰、一目了然就不容易出错。2018年，为继续强化小葵花"儿童要用儿童药"权威专家形象，再次更新了小葵花儿童药品说明书规范和包装设计，放大包装上的用法用量和功能主治。因为药品包装的管理法规非常严格，历时一年才备案成功。

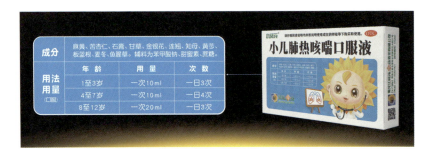

如今，小葵花有69个儿童药产品，专为儿童研发，精准用法用量，适用于各年龄段儿童，形成了一套完整的儿童安全用药解决方案。所有的儿童药后面都有一个说明书，说明书上都有一个表格，一边是孩子的年龄体重，一边对应精准的儿童用法用量，这是以前都没有的。

葵花通过坚持和努力，带动了整个行业的发展。如今很多药品包装和说明书，都参照小葵花做了改进。

第三章

小葵花品牌三角形筑基，
成就中国儿药第一品牌

　　提出小葵花儿童药战略后，华与华又是如何建立小葵花品牌三角形的呢？

　　华与华品牌三角形，即"符号系统""话语体系""产品结构"。

符号系统：每个产品或品牌，都有一个感官上的体验，品牌的感官信号就是它的符号系统。

产品结构：不管做一个什么样的品牌，首先得有产品，产品是品牌的本源。

话语体系：有产品就一定会有产品命名、产品定义，这就是品牌话语体系，是品牌的文本传达。

1. 小葵花娃娃，中国儿童药第一个超级符号诞生。

一个品牌就是一个超级符号系统。超级符号是蕴藏在人类文化里的"原力"，能够让一个新品牌在一夜之间成为亿万消费者的老朋友。

2007年的时候，葵花在包装上也有个草药娃娃的形象，但草药娃娃一定成不了超级符号。因为人的文化意识里没有草药娃娃这个概念，也就是说草药娃娃没有流量母体。于是，华与华决定重新设计，换成了葵花娃娃。

葵花儿童药老包装

卡通形象塑造的本质要有"文化原型"。从草药娃娃到葵花娃娃，就是寻找母体、回到母体的过程，让品牌拥有了一个强有力的"超级符号代言人"，代表葵花儿童药品牌。

华与华创意的十二字方针：一目了然、一见如故、不胫而走。葵花娃娃的文化原型，来自小孩子百日照的时候，妈妈都会给他拍一张用葵花环绕小孩子头的照片。

华与华将小葵花形象寄生在儿童百日照葵花宝宝的文化母体中，并将其进行私有化改造。这就是大家都熟悉的、都喜爱的葵花娃娃形象。

姓名：小葵花
生日：9.1（开学日）
性格：小大人、开课啦!活泼、友爱、善良
特征：萌萌大眼睛、粉嫩嘟嘟嘴、葵花瓣形状发型
职位：专业权威的儿童安全用药知识官
特长：懂得和孩子沟通、擅长向妈妈传授更多的儿童用药知识
口头禅：小葵花妈妈课堂开课啦! 儿童要用儿童药，儿药认准小葵花
小葵花妈妈课堂：中国儿童健康和安全用药的知识互动交流平台
小葵花的终身使命：保障中国儿童用药安全，呵护中国儿童健康成长

同时，赋予小葵花专业权威的儿童安全用药知识官的角色定位，亲和友善，懂得和孩子沟通，擅长传播儿童用药知识。小葵花形象就是儿童安全用药权威知识官的梦想化身。

自2007年华与华创意小葵花超级符号之后，华与华用它统一了所有包装，让小葵花形象成了品牌的重要资产，并持续投资，持续培养。如今小葵花形象已成功统领了小葵花儿童药事业领域，是小葵花最重要的品牌资产。

2. 小儿肺热咳喘口服液扎下第一个金角，建立起整个儿童药产品家族。

为什么选择小葵花"小儿肺热咳喘口服液"作为第一个金角产品呢？

"小儿肺热咳喘口服液"是非处方药，可以投入广告，"小儿肺热咳喘口服液"品种也是小葵花儿童药的独家剂型，其任务就是建立品牌。

小葵花通过投入大广告，以品种代品类，以金角产品先占据咳嗽品类制高点，再依次推出其他咳嗽品类产品，然后再推出整个儿童用药和健康护理等产品，逐步建立起小葵花儿童药产品结构，建立小葵花儿童药品牌整个产品家族。

▲　2007年华与华创意的"小儿肺热咳喘口服液"TVC

"小儿肺热咳喘口服液"广告片是华与华为小葵花制作的第一支广告。"小葵花妈妈课堂开课啦！孩子咳嗽老不好，多半是肺热，用小葵花小儿肺热咳喘口服液。"这支广告片完美完成了建立小葵花儿童药品牌的任务。

但更重要的是，在第一句话就让小葵花娃娃喊出了"小葵花妈妈课堂开课啦"，这就是华与华方法中讲述的战略企图心和起手式。

3. "小葵花妈妈课堂开课啦"第一支广告片拉开小葵花儿童药序幕。

广告文案背后是企业的整个战略。一个品牌就是一套话语体系，能维持百年的话语体系，就是百年品牌。

为什么第一句话是"小葵花妈妈课堂开课啦"？因为小葵花品牌的企图心是以小葵花形象建立起整个儿童药品及保健食品的品类品牌。

所以投资"小葵花妈妈课堂开课啦"，就是投资和建立一个广告品牌和创意模型"小葵花妈妈课堂"，搭起了小葵花儿童药品牌传播的基础和框架。我们对小葵花妈妈课堂话语的持续投资，就是话语权力的建立，就是建立企业的战略优势。

企业是经营知识的机构，"小葵花妈妈课堂"平台也是输送专业

儿童用药及儿童健康资讯知识的平台。

2007年开始，华与华推出的"小葵花妈妈课堂"系列产品广告片，几乎每个广告都以"小葵花妈妈课堂开课啦"开头，并且持续为消费者输送儿童用药知识，让消费者养成对该资讯的习惯性依赖，将"小葵花妈妈课堂"经营为儿童安全用药及健康咨询的平台品牌，持续为品牌创造知识财富。

如今，华与华打造的小葵花形象已深入人心，成为华与华历史上创造的"国民级超级符号"，统领了小葵花儿童药百亿事业领域版图。

华与华创作的"小葵花妈妈课堂开课啦"，成为小葵花重要的品牌资产，在中国儿童药历史上留下了浓墨重彩的一笔，可以毫不怀疑地说这句话"管用100年"！

小葵花小儿肺热咳喘口服液，代表小葵花儿童药品牌，发展出69个小葵花儿童药产品以及上百个儿童大健康产品，小葵花真正做到了只要"贴上小葵花形象，包装就能卖货"，实现了"品牌边际效益的最大化"。

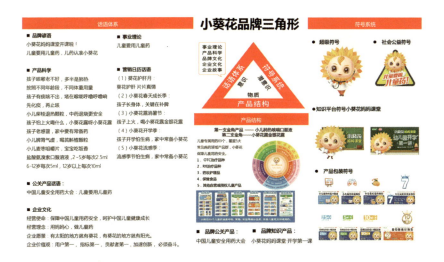

华与华为小葵花服务的第一年，就完成了小葵花儿童药战略及品牌三角形的所有规划。但是构建品牌资产的过程，不是1年的事情，也不是15年的事情，而是品牌终身的事业。

15年期间，华与华为小葵花药业构建了丰富的品牌符号、话语体系和产品体系。

15年形成了五大儿童药系列、69个儿童药品种、上百个大健康产品，打造出"小葵花娃娃"超级符号形象，以及"小葵花妈妈课堂开课啦""孩子咳嗽老不好，多半是肺热""儿童要用儿童药"等一系列脍炙人口的话语体系，成为小葵花重要的品牌资产。

第四章

小葵花品牌资产获取流量主权，
实现品牌资产与渠道共享

接下来看小葵花儿药战略菱形模型的下三角，即经营活动。一套独特的经营活动，实现的是独特的价值、总成本领先和竞争对手难以模仿。

1. 用五力模型看竞争，与下游渠道形成利益共同体。

要解决盈利问题，实现总成本领先，那么是跟谁争夺利润呢？竞争对手吗？迈克尔·波特的五力模型给出了答案。

竞争不是为了打败对手，而是为了赢得利润；要获得利润，就要有对上下游的议价能力，所以我们怎么跟其他制药企业竞争，这是最不重要的，重要的是上下游。关注上游、下游、替代者和新进入者，要跟5个力做竞争、做争夺。

对于小葵花来说，所处的"牌桌"就是迈克尔·波特的五力模型。

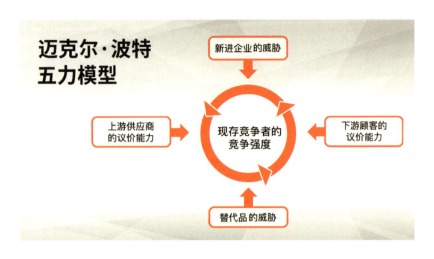

通过迈克尔·波特竞争五力模型分析洞察到，小葵花的下游药店渠道的市场环境发生了巨大变化：

　　·药店连锁化高达55.3%，连锁药店集中度越来越高，议价力加强。
　　·药店受线上O2O影响，门店的人流量越来越少。
　　·竞争本质是赢利，药店圈地后，线下药店竞争日趋激烈，存在高度同质化。

连锁药店要生存既有利益诉求，也有发展需要。所以连锁药店与制药品牌之间始终存在"利益冲突"，始终处于一种"博弈"状态。从中国制药企业这20年的历程来看，制药企业与连锁药店的"博弈"关系已发生了巨大的变化。

以前的连锁药店都是夫妻店。制药企业打广告，下游药店就跟着走，定价权全在制药企业。随着连锁药店的市场集中度提高，规模越来越大，连锁药店对制药企业的议价能力越来越强，制药企业对连锁药店的议价能力就弱了，制药企业被连锁药店卡住了脖子。

这就意味着药企在跟药店的谈判中，一个药品能不能在药店卖，能不能卖得好，药店有很大的话语权。例如，某个药品在药店可能会被放在很不起眼的位置，顾客可能找不到。

所以，过去很多广告打得响的品牌都消失了。究其原因，就是这些品牌在早期的时候，既没有从企业战略上找到自己的位置，也没有投资自己的品牌资产，建立自己的流量主权，也就没有在消费者端和渠道端获取品牌的议价能力，一步步把自己的命运交给了药店渠道。潮水退去，谁在裸泳就一目了然了。

但葵花，还能在连锁药店里持续经营，没有被连锁药店卡住脖子，原因在哪？葵花改变传统与连锁药店的利益博弈关系，把与渠道的组织关系变成了合作，深入药店经营中去，与药店建立深度的绑定关系，形成利益共同体。合作才是解决冲突的最好形式。

渠道是什么？渠道是企业"体制外，结构内"的组织共同体，相互依存、共同发展的组织统一体。渠道是一个组织行为学：

· 有资源禀赋。
· 有价值贡献。
· 有利益诉求。
· 有发展需要。

小葵花是如何做到的呢？

第一，小葵花拥有69个儿童药，具有丰富的儿童药品类及品种，建立起了品牌竞争壁垒，掌握一定的渠道主动权。

这就是说如果有一个人在药店点名要小葵花小儿肺热咳喘口服液，可这个品种的毛利低，店员不愿意推，但是，因为小葵花的药品全，有知名度，店员会推荐小葵花小儿化痰止咳颗粒、小儿氨酚黄那敏颗粒等。

第二，小葵花露是小葵花扎下的第二个金角产品，既是品牌资产，也是适配渠道的流量产品。在夏天，我们推出小葵花露这个产品来补充药店夏天的生意，给药店带来了增量。

第三，小葵花为渠道开发营销节日，全面媒体化工程改善门店视觉营销系统，服务药店，为药店引流。用华与华持续改善方法设计的门店视觉营销系统，让每一个动作、每一个产品、每一样物料都能互为产品，互为广告，互为流量入口。

最终，华与华成功助力小葵花品牌实现流量再循环，实现小葵花品牌资产与渠道共享，实现品牌与渠道的共生共赢。

2. 品牌资产流量再循环，实现与渠道共享。

什么叫品牌资产？品牌资产就是能给我们带来效益的消费者的品牌认知。

在品牌资产原理里，投广告花的钱不仅要少，还要能作为资产攒下来，50年后我们还能从中获取利息，也就是说广告花掉的钱不是花掉了，而是让广告变成了储钱罐。

这意味着每年我们做品牌营销的花费，都能变成资产，以后我可以用新的产品套上这个品牌，去把我存在那里的品牌资产再提现出来。

扎下第二个金角产品小葵花露，成功实现品牌资产提现。

2017年，华与华发现"小葵花露金银花露"虽然是OTC非处方药品，但实际上是防止小孩子中暑的饮品，具有巨大的市场空间，就像儿童的加多宝。当时要把这个产品做起来，还是非常难的，可以说是一场豪赌。

但是，企业通过十年对小葵花品牌资产的经营和广告费用的投入，让消费者能够点购小葵花，顺着小葵花来找货架上的儿童药。所以，当时投资的广告费用，并不是流掉了，而是让广告变成储钱罐，存在小葵花的品牌资产银行里，又通过小葵花露产品再提现出来，并且更重要的是成功让"小葵花露"实现了品牌溢价。

而且，小葵花露是夏日饮品，夏天药店的生意相对来说是淡季，我们有小葵花露提供给药店，补充药店夏天的生意，还可以给药店带来增量。渠道是用资源投票的，越适配渠道支持的力度越大。

因此，小葵花露上市的前2年就做到了330%的增长，迅速破亿，成为小葵花的又一大过亿大单品。如果没有小葵花前10年的品牌资产规划的话，就不可能有这样的投资回报效率。

玻璃瓶金银花露　　　　　　　小葵花露金银花露

小葵花露开发超级元媒体，持续积蓄品牌资产流量池。

2022年连锁药店都在谈论"流量"，大家都在讨论宏观经济大背景下"流量"从哪里来。华与华说"流量就在你自己身上"，用好自己身上的流量，将每一次流量销售转换，都变成一次品牌资产的再积累，从而实现品牌的流量循环。

首先，产品元媒体是不花钱就可以使用的媒体。商品来到世间，它的每一个毛孔都流着流量的血液。所以华与华在做"小葵花露"包装的过程，就是在最大限度开发包装的媒体功能和销售功能，做到"机关算尽"。

为了增强小葵露产品包装的信号能量，让产品自己会说话，华与华设计了新包装的5大机关：

机关1：放大小葵花娃娃，增强超级符号吸引力，将功能图标化，突出宝宝适应症。

机关2：放大产品名"小葵花露"，创造货架优势。

机关3：绿色条凸显产品名"小葵花露"，增强产品消暑的食欲感。

机关4：瓶型微调，更立体。

机关5：正反面都是"小葵花露""金银花露"，最大化货架陈列优势。

华与华还为小葵花露设计了超级元媒体割箱，把运输包装变成产品广告媒体。运输包装是企业最容易忽视的"不花钱的传播载体"。我们让原本被废弃的运输箱，也能在寸土寸金的药店变废为宝，发挥"占领销售阵地"的战略价值。让割箱能揽客，让割箱能卖货！

小葵花露新装升级5大优势

动作 1 激活超级符号
放大小葵花娃娃,增强iP吸引力,将功能图标化突出宝宝适应症。

动作 2 强调品牌名称
放大产品名"小葵花露",瓶体微调,更立体,创造货架优势。

动作 3 增强信号数量
绿色条凸显产品名"小葵花露"。

动作 4 增强晶质感
瓶体微调,更立体。

动作 5 放大货架优势
正反面都是"小葵花露""金银花露",最大化陈列优势。

2大技术升级

升级1:上下盖式割箱结构,降本增效

升级2:压线技术,承重突破,效率创新

3大领先优势

优势1:企业提供的免费元媒体道具

优势2:强势展现产品,占领销售阵地

优势3:简易操作,高效执行,轻松引流

▲ 割箱操作教学视频

小葵花露夏日消暑节，营销日历服务药店，为药店引流。

每年6—8月正值夏天药店的淡季，这个时候华与华在药店规划"小葵花露消暑节"，通过在药店开展小葵花露免费试饮活动吸引家长和孩子，为药店带来新的客流，同时拉动小葵花露产品的销量增长。

并且，为了能够让葵花销售队伍将营销日历的关键动作进行标准化复制，华与华为小葵花市场部编写《小葵花露万店陈列终端标准化执行规范手册》《小葵花露试饮活动终端标准化执行规范手册》，来推动小葵花露终端万店陈列和试饮活动标准化规范执行落地，引爆小葵花露夏季动销热潮。

但华与华不仅要解决药店夏天挣钱难的问题，还要帮助药店一年四季都能挣到钱，怎么做呢？华与华为小葵花设计了一套全年的营销日历，春天的成长季和长高季、夏天的小葵花露消暑节、9月的开学季、冬天的流感季，一方面让药店一年四季都能卖小葵花的产品，另一方面也帮助药店导入了全年的流量。药店一年四季都按照这个节点行动，就能形成全年的营销节奏，就能挣全年的钱。

小葵花露超级醒脑TVC（电视商业广告），将弗洛伊德潜意识方法进行到底，建立新的品牌资产。

夏天您一定听过一首醒脑歌曲——"孩子怕上火喝什么，小葵花露呀小葵花露"。全国各大小区药店门口，经常可以听到，3岁孩子一天唱到晚。

华与华方法就是三个人的方法：弗洛伊德潜意识方法、荣格集体潜意识方法、巴甫洛夫刺激反射方法。

弗洛伊德说："人在儿童时期形成的潜意识会为他带来一生的习惯。"每个孩子都坐过摇摇车，熟悉这个旋律，这是我们每个人童年

弗洛伊德　　　　　荣格　　　　　巴甫洛夫

时期的潜意识。

　　超级符号不仅是用于品牌标志设计，而是用于一切创意，基于文化母体，大众最广泛的文化契约。

　　在小葵花露TVC广告制作中，小葵花露TVC巧妙运用这个"文化母体"，将音乐旋律嫁接在"儿童摇摇车歌曲"中，并将产品购买理由融入歌词当中，利用每个人都熟悉的"儿童摇摇车歌曲"的节奏和童年回忆，激发孩子的潜意识，赋予了小葵花露广告片醒脑的"天赋"。

寄生熟悉道具，加深句式节奏记忆

当提起这首歌，家长的记忆里不约而同想起的道具是"摇摇车"。

小葵花露广告片，在短短15秒中浓缩信息炸药包，让孩子迅速进入记忆产品购买理由与产品名称的情境里，并将"孩子怕上火喝什么，小葵花露呀小葵花露"的消费知识让"家长听一遍就记住，孩子听一遍就跟着哼"，形成条件反射替我们传诵，最大化地激发消费者购买欲望。

▲　华与华为小葵花露创意的TVC

华与华创意的广告叫作"醒脑广告"，而不是"洗脑广告"。洗脑广告狂轰滥炸，满地打滚，硬往消费者的大脑里闯。华与华的醒脑广告则是"卷入"，是唤醒大众的集体潜意识和美好情绪，自己就能传诵。

2022年小葵花露营销开战，率先登陆金鹰卡通频道，全天高频滚动进行饱和式轰炸。同时期，小葵花露与新潮梯媒全国战略合作启动，覆盖2亿亲子家庭。

"孩子怕上火喝什么，小葵花露呀小葵花露"就是2022年华与华团队在"小葵花品牌银行"里投资的一笔品牌资产，这将是小葵花品牌又一个重要的战略"品牌资产"。

所以，通过遵循建立品牌资产理论的方法，能不断地把过去的花费都变成投资；也能把每一次投资的品牌资产零存整取，再把它贴现出来。从而不仅在终端建立小葵花品牌的流量主权，也能实现小葵花品牌资产流量再循环。

品牌资产是时间的朋友。以品牌资产观经营品牌，不是看一时的效果，只有一以贯之，只问耕耘，不问收获，效果自然而来。

综上来看，华与华不仅在为小葵花服务，也在为小葵花的客户药店渠道服务，还在为客户的客户终端消费者服务，这才是扎扎实实的利益共同体。

所以到今天，小葵花跟药店终端的合作数量已经超过了40万家，药店的覆盖率也超过了80%。在全国百强的连锁药店当中，小葵花在儿药排名第一。

2021年西普会小葵花的主场活动就是西普会的高潮！全国TOP10的连锁药店的老板们都出席了，这就是药店渠道对小葵花、对双方形成的这种合作利益共同体关系最大的肯定。

华与华陪伴了葵花药业15年,小葵花儿童药品牌的成功,归功于企业战略定位的成功,也归功于企业品牌资产持续经营理念的成功,更重要的是合作过程中葵花药业英明决策的成功,没有决策也就没有今天这里的一切。

华与华方法

华与华企业战略菱形模型

业务组合和产品结构，就是社会问题的解决方案

社会问题

选择、承担解决某一社会问题的责任，并将之作为企业的经营使命

第二定位 业务战略定位

业务战略

使命决定战略

经营使命

第一定位 经营使命定位

第三定位 经营活动定位

经营活动

一套独特的经营活动和独特的成本结构，实现：
• 独特的价值
• 总成本领先
• 竞争对手难以模仿

企业战略不是企业的战略，而是企业为解决某一社会问题，而为社会制定的战略。企业的产品和服务，是组成社会问题有效的、全面的、可持续的解决方案。

企业三大定位：

第一定位：经营使命定位。

定位我为社会解决什么问题，也是社会分工定位，定位自己一生的使命。

第二定位：业务战略定位。

我们的业务是什么？提供哪些产品和服务。用一套产品和服务，去解决社会问题。

第三定位：经营活动定位。

用一套独特的经营活动，实现独特的价值、总成本领先和竞争对手难以模仿。

第三定位支持第二定位，第二定位实现第一定位，第一定位是最终目的。

新潮传媒

华与华超级符号案例点评语

华 杉
华与华营销咨询有限公司创始人

新潮传媒的成功是一种必然，就像有可口可乐，就必然有百事可乐，这符合市场的要求。如果在一个领域里面只有一家公司，那它对客户的议价能力就太强了。这家公司必然就会想要获得超额的溢价，那新的进入者就可以进来。新潮就是一个新进入者。

而且新潮传媒的使命是"要把客户的梯媒成本降低50%"，所以很多大的消费品企业都投资了新潮。因为，第一，这是他们的需要，他们希望出现这样的一家公司；第二，既然有这样的需要，那就是一个市场机会，他们就要分享投资的利益；第三，他们自己可以兜底，自己就可以给你投广告，这肯定是错不了的。所以，这都是形势使然。

新潮传媒作为一个媒体的平台，我觉得其老板张总也有意愿做一个类似我们的百万大奖赛，给那些广告公司、企业的市场部和品牌部提供一个舞台，可以开放或者半开放给自己的客户，就跟以前"经济观察报"办杰出营销奖一样。所有的成功都是积累得来的，永远不要短视。德鲁克说"人往往是高估了一年取得的成绩"，每年定销售指标，都往高了定，但是大大低估了30年、50年积累所能取得的成绩。

新潮传媒

B2B企业建立品牌之道——让顾客上门

9年前，新潮传媒创新了梯内智能屏，如今，梯媒智能屏已经超越电梯框架广告和梯外LCD屏，成为梯媒行业数量第一、影响最大的产品。新潮拥有70万个电梯智能屏，已经成为拥有电梯智慧屏最多的电梯媒体品牌。

7年前，新潮传媒把资源聚焦在社区，如今，新潮已经覆盖100多个城市、4.5万个社区、2亿中产人群，成为当之无愧的社区电梯媒体第一品牌。

创业9年，新潮传媒成功打破电梯媒体一家独大的垄断格局，开启了电梯行业两强争霸的时代，为广大客户提供了第二个选择，促进了整个电梯媒体行业的健康发展。

可以说，新潮传媒就是一个从B2B创业企业到B2B知名品牌的典型。

引　言

新潮项目的成功，是华与华方法在B2B品牌咨询服务的再一次成功实践。

经常有人会问，华与华是不是做B2C的消费品比较多？但其实，华与华做B2C的消费品只是顺带的，其主业是B2B，因为华与华自己就是一家B2B公司。

华与华认为B2B企业更需要建立品牌。因为B2B企业的客户对供应商的选择，面临更大的决策风险和决策成本，比B2C更慎重。就像今天中午吃什么，重要吗？好像没那么重要，去哪儿吃也不重要。但是请一个供应商，不管是请一个装修公司，还是一个广告公司，如果请错了，可不是一顿饭好不好吃的问题。

任何决策都是个人的决策。对于一个B2B企业的采购来说，如果选择一个不知名的品牌，需要给出充足的理由，选错了还要承担责任；如果选择一个知名品牌，那就是理所应当的，即使失败了也不会承担什么风险。对于企业老板来说，选择品牌就是选择了最低保障，选择品牌就是选择了安全。所以，品牌是降低B2B决策风险和决策成本最有效的途径，B2B企业建立品牌比B2C建立品牌重要一万倍。

第一章

从B2B创业企业到B2B知名品牌

1. 第一阶段：从纸媒转型电梯广告，立志打破行业垄断。

新潮传媒的老板张总是传媒行业的老兵，他创办的《新潮生活周刊》一度成为西南地区发行量最大的周报。直到遇到互联网浪潮，传统纸媒遭遇行业性危机，张总需要转型，进行二次创业。

张总发现，随着互联网的兴起，媒体越来越分散，电梯媒体是少有的消费者必经之地的媒体。但当时梯媒行业已经有一个绝对的龙头老大哥了，在过去十几年里，有一千多家公司先后进入梯媒赛道，这些品牌不是被打败就是被收购，梯媒行业一直都是一家独大的局面。

面对这种垄断的行业现状，张总反而认为这既是挑战，更是巨大的商业机会。因为整个行业，只有一家电梯广告公司，消费者想找第二家都没有选择。成熟的行业都有"数一数二"的现象，消费者至少有两个品牌可以选择。

一个行业只有一家独大是不合理的，也是不健康的，这个行业肯定会出现第二家公司。带着这样的信念，张总坚定地进入电梯广告赛道。

2. 第二阶段：创新"电梯竖屏"，成功入局电梯媒体赛道。

新潮选定电梯广告赛道后，进行过很多次尝试，但都以失败告终。电梯媒体行业是一个资源主导的行业，电梯内的广告位置是有限的，主要是左右两边和后方的框架广告位，一部电梯被占领了就很难有第二家进入。

新潮传媒要发展，要么是与老大哥正面硬刚抢夺资源，要么是等待新电梯出现，但这不仅发展缓慢，而且成本极高。对于新潮来说，只有创新才有出路。

如何才能打破电梯媒体行业垄断局面呢？当你始终想着一个问题，答案自然会向你走来。

当时老大哥的广告位，基本都是电梯里左、右、后方的这三个面的平面框架广告。突然有一天，张总乘坐电梯的时候发现，电梯内按钮上方的空白位置，不就是一个黄金广告位吗？因为消费者在乘电梯的时候是面向出口和按钮位置的，人们进电梯后，观看这个广告位的时间是最长的。

发现了这个位置很好，但还不够。这个位置怎么做效果才能更好呢？当时电梯里面都是平面广告，如果把这个位置做成视频广告，那效果肯定绝了。由于市面上没有适合在这个位置的竖长屏幕，于是新潮开始自己研发，设计出了"电梯竖屏"，即现在又被称为"梯内智能屏"的产品。今天，大家看到的，在电梯里面的视频广告，就是新潮传媒发明的。

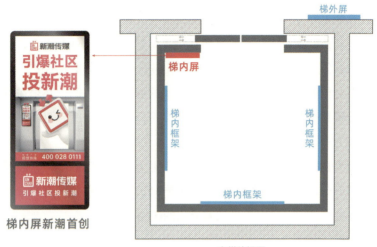

梯内屏新潮首创

▲ 电梯俯视图

3. 第三阶段：聚焦社区电梯广告，形成差异化竞争优势。

创新了"梯内智能屏"这个新产品之后，所有的电梯广告资源都可以重新再开发一遍，于是新潮很快成功入局了电梯媒体，从成都到重庆，从西部到全国，一路高歌猛进。但是，产品的创新很容易被模仿，张总创新的"梯内智能屏"也开始被行业老大哥模仿跟进。

面对行业老大哥的正面竞争，新潮的资源是有限的，必须在战略上进行资源聚焦。新潮发现，消费者在选择电梯广告时，习惯性地把电梯分为写字楼电梯和社区电梯。

因为社区电梯广告是男女老少一周七天都能看到的广告，而写字楼电梯广告只有上班族在工作日才能看到，所以张总把所有的资源都聚焦在社区，跟竞争对手形成差异化的区隔。

找到这个差异化的价值还不够。因为新潮的品牌知名度相对较小，当其与行业老大哥竞争的时候，同样的产品，新潮面临产品要不上价格、新潮的销售非常吃力的困境。所以新潮一定要建立品牌，打响品牌知名度，于是找到了华与华。

只合作，不结盟！新潮传媒和华与华开启品牌战略合作。

2020年3月，新潮传媒和华与华开启品牌战略合作。

华与华和新潮在合作前，双方就达成共识：只合作，不结盟。

合作就是华与华给新潮提供战略品牌营销咨询服务。不结盟的意思有两条。第一条，双方不是把所有的客户都推荐给对方，而是只推荐适合的客户：华与华只推荐合适客户给新潮，新潮也同样如此。第二条，给对方推荐客户，双方都不拿佣金。

如果新潮和华与华结盟，形成这种佣金制度，就是在共同谋取客户的利益，而不是在帮客户创造价值，对客户不公平，这就违背了两家公司最基本的商业道德。

▲　新潮传媒和华与华战略合作签约仪式

第二章

B2B企业更需要建立品牌，
核心是让顾客上门

华与华应该如何为新潮服务，帮助新潮建立品牌呢？其实答案很简单，华与华怎么做的，新潮就怎么做。因为新潮和华与华非常相似，不仅都是B2B企业，而且都是服务行业的B2B企业。

华与华经营品牌的核心，就一条：让顾客上门。

这一点华与华做得比较极致，华与华的经营原则就是：不投标、不比稿、不上门。现在华与华已经做到让所有的客户都主动上门。

那么，华与华是如何做到让顾客上门的呢？

第一，独特的价值，你的产品要真正为客户创造价值。

华与华的品牌价值主张是超级符号，就是超级创意，企业战略＋产品开发＋广告创意，所有的事都是一件事，让企业少走弯路。

第二，打广告，我们要让别人知道我们，并且提供购买理由。

华与华每年在三大航机杂志，北京、上海、深圳机场投放广告，全年的广告费用超过3000万元，华与华累计的广告费有1.8亿元。（该数据截至2022年底）

第三，强大道场。

华与华的办公室就是一个强大道场，有价值观、有案例、有采用TPS生产方式打造的极致干净的环境。除了办公室外，华与华的百万创意大奖赛和500万品牌5年管理大奖赛也是华与华吸引顾客上门的强大道场。

新潮传媒的业务特点可能做不到像华与华那样极致，完全让客户上门。但是华与华服务新潮品牌，始终围绕着让顾客上门，核心就还是这三条：第一，释放品牌价值主张；第二，打广告；第三，打造强大道场。

第三章

B2B企业让顾客上门的第一条：
释放品牌价值主张

让顾客上门的第一条是释放品牌价值主张。

释放品牌价值主张就是让顾客知道我是谁，为什么要过来买我，本质上就是品牌的顶层设计。项目组通过华与华品牌三角形的模型，帮助新潮释放品牌价值主张。

新潮传媒的产品就是社区电梯广告，核心是电梯视频广告。确定了产品价值之后，就要通过符号的技术和词语的技术释放新潮传媒的品牌价值。

1. 创意超级符号：寄生电梯公共符号母体，释放新潮电梯广告价值。

第一步：放大新潮传媒中文品牌名。

新潮原有的符号，是拼音和文字结合起来的，并且拼音比文字更大，非常复杂。在中国人的阅读习惯里，中文是比拼音更容易阅读的。把拼音xinchao放大，传播效率就大大损耗了。而且这个符号，几乎看不出来新潮是电梯广告。华与华希望创建一个符号，让大家一看到就知道新潮是电梯广告。

第一步，去除拼音。把"新潮传媒集团"变成了"新潮传媒"，直接把"新潮传媒"放大，还设计了独特的字体。

第二步：找到电梯公共符号母体，完成私有化寄生。

光放大了名字还不够，新潮是面对所有媒体竞争的，项目组希望建立新潮和电梯之间的强链接，提到新潮就能想到电梯，提到电梯就能想到新潮。

在华与华，有一类超级符号，叫类公共符号，就是借助公共符号的原力，把品牌嫁接上去。

项目组给新潮找到了具有文化原力的公共符号——电梯符号，希望把电梯公共符号的原力赋能给新潮，让新潮传媒牢牢占据电梯。而且，电梯上下箭头的符号，还形成了新潮的战略花边。

一个行业有一个行业的超级符号，这个超级符号是行业皇冠上的明珠，谁摘取了它，就摘取了未来。新潮就摘取了梯媒行业皇冠上的明珠。

▲　华与华为新潮传媒创意的超级符号

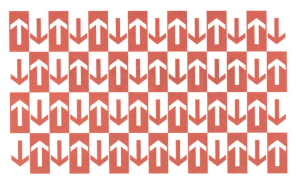

▲　新潮传媒战略花边

第三步：超级符号超级好用，用媒体思维设计企业和顾客接触的所有环节。

▲　超级符号在办公系统上的应用

▲ 超级符号在企业大会上的应用

2. 创意超级IP：持续强化电梯公共符号，更生动灵活地与顾客沟通。

　　除了超级符号，项目组还帮新潮创意了超级IP形象。不是只有消费品才需要IP形象，B2B企业更需要IP形象，特别是服务行业的B2B企业。因为它的产品是无形的，看不见、摸不着的。我们就是化无形为有形，将看不见的电梯媒体业务，用具象的IP形象呈现出来。

　　既然新潮传媒已经寄生到电梯超级符号上了，为了继续强化这个寄生，只需要在原来超级符号的基础上，加上五官和身体，就诞生了新潮的超级IP——新潮小白。

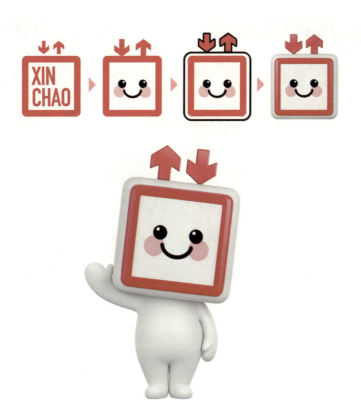

　　新潮小白就是新潮的首席知识官和权威发言人，可以代表新潮出席各种活动，有自己的公众号专栏，可以带大家看广告资源，可以普及梯媒行业知识。

▲　新潮小白权威发言人授权仪式

▲　新潮小白公众号专栏

▲ 新潮小白带领大家一起进社区，看电梯广告资源

▲ 新潮小白在公司前台迎宾

▲　新潮小白与同事在课上互动

▲ 新潮小白IP周边，给客户提供专属礼物

3. 创意品牌谚语：强化新潮电梯广告的行业属性，零基础沟通是关键。

释放品牌价值，除了符号，更重要的是话语。

新潮的品牌谚语是华与华历史上修改次数最多、决策时间最久的品牌谚语。有多久？华与华跟新潮合作了三年，品牌谚语才确定下来。

新潮原来的广告语是"产品卖到家，广告投新潮"，大家看到后根本就不知道新潮是电梯广告，所以2020年华与华给新潮创意了"电梯广告投新潮，全家老少都看到"的品牌谚语。第一，强化了新潮是电梯广告的行业属性。第二，华与华说广告就是大众公开的承诺，要越多人看到越好，"全家老少都看到"就是最强的公开承诺，而且这还是一句俗语套话，没有心理防线，很容易播传。

可是没过多久，新潮的张总说有客户认为"老少"太土了，希望能把"老少"去掉,把广告语变成"广告投新潮,全家都看到"。对此华与华董事长华杉表示了强烈反对,虽然把"老少"去掉了,可是也把电梯去掉了,这样大家就不知道新潮是电梯广告了。于是广告语又变回去了。

可是过了一年,张总又说有一个上市公司的大老板认为这个广告语不好,必须改。最后在张总的坚持之下,项目组团队跟他一起共创了"引爆社区投新潮"的广告语,虽然华杉依旧反对,但这下张总非常满意了。

直到2022年11月30日晚上,华杉跟张总一起直播,又聊到了广告语的事情,华杉还是非常生气,于是就问了在线网友一个普通但是又本质的问题:"知道新潮是电梯广告的回复1,不知道的回复2。"这一问吓张总一跳,绝大多数网友回复的是2。这下张总终于明白为什么华杉那么坚持"电梯广告投新潮"了。

华与华认为广告语就是要零基础沟通,因为它不是说给正在合作的客户听,也不是说给目标客户听,而是要说给所有人听。而"引爆社区投新潮",大家根本就不知道新潮是什么,只有投放过新潮的人才知道,不知道的还以为是要投资新潮。所以最后,新潮的广告语又变回去了。

其实判断一个广告语好不好非常难,通常大家都会做很多无效思考,比如认为太土了,太接地气了。但是华与华认为判断一个广告语好不好,其中有一个关键就是能否达到零基础沟通,永远不要带着自己熟悉的语境,而是要让第一次听到的人就能听明白。

第四章

B2B企业让顾客上门的第二条：
打广告

通过符号系统和话语体系释放社区价值后，新潮还得有能力让顾客知道自己。如果他都不知道，怎么能主动找你呢？所以一定要广而告之，吸引顾客上门。

这世界上最不可思议的事，莫过于咨询公司不请咨询公司做咨询，广告公司不给自己打广告。你成天说服别人："广告一响，黄金万两！"怎么自己不打呢？

如果广告公司不打广告，要么是它认为广告没用，要么是它赚不回广告费。在品牌咨询行业，华与华的广告费是最多的，每年的广告费有三千多万元，光在虹桥机场一个地方，广告费就有一千多万元。

华与华和新潮合作后，也给新潮出了这个绝招：打广告！于是就有了虹桥机场的广告。

为什么选择在虹桥机场打广告？最开始，项目组考虑过让新潮在自己的电梯媒体上投放广告，但最后放弃了。

这是一个经济学的原理，广告是企业向顾客发信号，信号必须足

够贵，如果信号不贵则信号无效。如果你是在自己的这个媒体上投的，人家知道你是没花钱的，这个信号的能量就不够，新潮必须花钱在别的媒体上打广告。

打广告也是下注，是企业实力的象征。你下注了，别人也会像你一样下注，所以必须选择高势能媒体。于是，我们就选择了虹桥机场广告。不仅能提高新潮的知名度，还可以提高新潮的品牌势能。

确定内容和媒体形式后，如何投放？华与华广告投放的吃药三原则：药不能停，药不能换，药量不能减。在上海疫情最严重的时期，虹桥机场基本没有人，很多人看到机场没人后就把广告停了，但只有华与华和新潮的广告还在。

为什么我们还在投放？因为任何外部环境的变化，都不能撼动我们一以贯之的原则。机场今天没有人，但总会有人的，我们不能因为外部环境的变化去改变我们一以贯之的原则。

第五章

B2B企业让顾客上门的第三条：强大道场

强大道场就是具有极强的仪式感和信号能量的品牌道场，也是企业的主场。对于B2B企业来说，强大道场通常有两个，一个是办公室，另一个是企业主办的大会。

1. 设计有仪式感的品牌道场，完整释放新潮品牌价值。

华与华的办公室是一个品牌道场，也是一个非常强大的道场，项目组也给新潮复制了一个品牌道场。因为对于B2B企业来说，企业业务比较复杂，很难简单说清楚，必须跟客户深度沟通，那么通过品牌道场就可以让客户沉浸式地感受新潮的价值。

新潮品牌墙：新潮传媒是中国社区电梯媒体第一品牌、电梯内竖屏视频广告开创者、梯内智能屏资源数全国第一者。

新潮点位资源展示：布局全国110个城市、70万部电梯、4.5万个社区，日均覆盖2亿中产家庭人群。

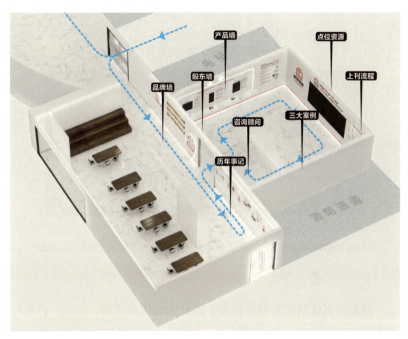

▲　新潮传媒品牌道场设计

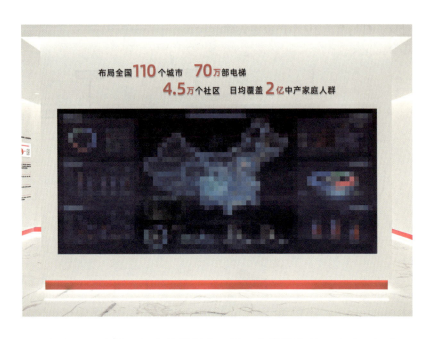

布局全国 **110** 个城市　**70** 万部电梯
4.5 万个社区　日均覆盖 **2** 亿中产家庭人群

新潮社区优势：新潮传媒是中国社区电梯媒体第一品牌，拥有70万个社区智慧屏，全国数量第一；拥有4.5万个社区，覆盖全国社区数第一。

2. 像做品牌一样做大会，为大会做品牌顶层设计。

对于B2B企业，让客户上门，更重要的强大道场是企业主办的大会。B2B企业最难的是约见客户，要给客户提供一个上门的理由。参加大会就是最强大、最有力的邀约理由。在这个大会里面，我们不仅为客户提供增值服务，还可以用一对多的方式，批量传递最权威的信息，提高销售效率。

虽然B2B企业开大会非常重要，但是真正会开的企业寥寥无几。在B2B行业，每年有大大小小、成百上千的大会，客户愿意参加的又有几个？很多企业没有把会议营销当成企业的战略动作，没有形成品牌资产。同时，它们也不知道如何开一场有影响力的大会。

在一场大会中，最有价值的就是让顾客能学到什么。

其实和华与华合作前，新潮已经举办过一些大会了，但是这些大会没有固定的名字，没有固定的时间，没有固定的议程。每年都在做，但都没有积累起来，没有形成品牌资产。

对客户而言，想不到新潮有什么会议，也不会被它吸引上门。对于内部员工而言，每年的内容都不一样，年年都要有新创意，年年都要有新动作，每年都匆匆忙忙，没办法持续改善。

华与华认为，企业主办的大会应该像品牌一样来打造，怎么做品牌的就怎么做大会。于是，项目组按照华与华品牌三角形把新潮的大会重新做一遍。

▲   新潮之前举办过的大会

（1）命名：命名就是召唤。

之前新潮举办的大会，因为没有固定的名字，所以顾客无法进行传播。华与华给新潮的大会命名为"中国新潮品牌大会"。新潮是一个非常好的词，一方面可以代表新潮这个品牌，另一方面可以赞美顾客。

有了"中国新潮品牌大会"的命名后，就有了储蓄罐，每年都可以重复投资、重复积累。

（2）符号：形成新潮品牌大会专属符号。

充分发挥新潮超级符号的价值，在原有电梯符号的基础上，设计出中国新潮品牌大会的专属符号。这个符号在会场形成强大的视觉冲击，并且每年都重复，让中国新潮品牌大会在一众行业大会中有了独特的识别符号。

（3）产品：议程就是大会的产品，像策划电视节目一样策划大会议程。

对于一个大会来说，固定的议程非常重要。有了固定的议程，就有了固定的栏目，顾客来之前就已经开始期待了。

华与华像策划中央电视台的节目一样，帮新潮策划大会议程，形成固定的大会栏目。在前两届中国新潮品牌大会上，形成了四大议程栏目。

第一个栏目：梯媒行业权威信息发布。

媒体行业，是一个信息非常不透明的行业。客户不知道自己投放的广告信息究竟会在哪里发布，也不知道价格究竟该如何确定。大部分媒体公司都在利用信息不对称与顾客进行博弈，赚取客户的广告费，电梯广告行业也同样面临这种问题。

华与华认为营销有两种价值观。第一种是利用信息不对称，消费者不需要真相，也不懂得产品科学，我只需要占领他的心智，蒙住他的眼睛，牵着他的手，让他选择我。第二种是让信息对称，假如信息对称，假如消费者是专家，懂得产品和服务的一切真相，他就一定会选择我！

华杉经常说，华与华前二十年的发展靠华与华方法，后二十年的发展主要靠不骗人。

新潮的张总也认为，通往成功的路不是套路，而是真诚。中国新潮品牌大会还承担了一个重要的行业职能，就是定期发布梯媒行业权

▲　梯媒行业权威信息发布

威信息。中国新潮品牌大会，立志要办成电梯媒体行业的生态大会，为梯媒行业建立一个信息公开透明的环境，用诚信为客户服务。

在第一届和第二届中国新潮品牌大会上，新潮真实还原了电梯市场份额；告知客户电梯广告的售卖方式应该是按照电梯数而不是点位数；发布了最新的CPH（每户家庭覆盖成本）的计价方式，促进了行业的公开透明。

第二个栏目：梯媒成功投放经验分享。

新潮电梯广告是中国企业发展的风向标，在新潮电梯广告里投放成功的案例，几乎代表了当年中国最成功的案例。中国新潮品牌大会就是要给客户呈现最新的案例实践，吸引客户过来参会。

新潮品牌大会，也是我们给客户提供增值服务的大会，客户可以在这里展示他的产品和品牌。同时，邀请客户现身说法的方式，也给新潮提供了一份强有力的信任背书，提升了新潮的品牌影响力。

▲　新潮客户在大会展示他的产品和品牌

第三个栏目：新潮年度梯媒政策发布。

新潮年度梯媒政策发布，让参会的每一位嘉宾都能了解到新潮当年有哪些政策红利。

第四个栏目：最前沿的品牌理论发布。

新潮品牌大会，顾名思义，是一个传递品牌知识的大会。新潮要给客户提供最前沿的品牌理论和知识。在品牌方面，华与华就是中国最权威的品牌专家，新潮举办了两次中国新潮品牌大会，每次大会都邀请华与华董事长华杉分享最前沿的品牌理论。

▲　华与华董事长华杉在中国新潮品牌大会分享品牌理论

（4）固定时间，固定地点。

把大会举办的日期固定在10月，让客户在规划下一年度预算前，可以接受到专业知识的培训。并且每年都在这个时间举办，形成对顾客的"驯养"。

把大会固定在上海外滩W酒店。媒介即信息，酒店是大会重要的媒介，借势上海外滩W酒店，提高中国新潮品牌大会的会议势能。

3. 像新潮品牌大会一样开发区域大会，增加与顾客沟通频次。

中国新潮品牌大会是新潮的年度盛会，规模宏大，气势十足，但是一年只能举办一次。新潮必须在区域开大会，通过在区域发声，提高新潮在各区域的品牌知名度；保持与客户的沟通，鼓舞士气，给销售及客户提供信心。

像中国新潮品牌大会一样，华与华希望区域性的会议也能形成固

定的品牌资产，于是，对区域性的会议也进行了品牌顶层设计：

    ·在命名上，发挥新潮社区优势，把区域会议的名称命名为"新潮社区营销高峰论坛"。

    ·在话语上，创意了"引爆社区主战场"的大会口号。让每一次的区域城市巡演，都变成一次传播新潮具有社区优势的宣传。

2022年，社区营销高峰论坛已经在5个城市举办过巡演，张总和新潮高层有规律地到区域鼓舞士气，让区域的销售人员们鼓点不停，士气高昂。这种士气，就会由内而外、由近及远地影响顾客，提升品牌影响力。

华与华顾客价值方阵

华与华顾客价值方阵

华与华顾客价值方阵认为，开大会核心是要给客户创造价值，要从客户的角度思考，他能在我们这里得到什么。有四个方面：

1. 做什么。
2. 体验什么。

3. 学到什么。

4. 成为什么。

就像华与华的百万大奖赛，大家来这里做什么：参加华与华百万创意大奖赛。

体验什么：这是一个盛大的品牌知识大会，可以体验到精彩的演讲、华与华董事长华杉锐利的点评、场外高大上的品牌展览。

学到什么：进一步学到了华与华方法的若干知识点。

成为什么：成为战略品牌营销水平更高的人，走出这个会场，每个人都功力大增。这就是我们1万块钱门票的价值。

新潮和华与华非常相似，我们的客户是相同的，讨论的事情也是相同的。所以，在华与华这里能体验到的，我们希望客户在新潮品牌大会上也能体验到。但是有两个东西，新潮和华与华不一样。

第一，新潮品牌大会聚焦在梯媒行业。我们给新潮策划并固定了四大议程，希望新潮在大会上提供梯媒行业权威信息、分享梯媒成功投放经验，让参会的每一位嘉宾都能成为梯媒投放的高手。

第二，百万创意大奖赛是华与华公司内部的大会，而新潮品牌大会是整个行业的大会。所以，我们希望新潮能出资100万元，设置一个梯媒行业的最高奖项，让客户不仅来参会，还能在这里竞技比赛，为梯媒行业提供一场思想的盛宴。

华与华超级符号案例点评语

华 杉
华与华营销咨询有限公司创始人

我们讲"企业社会责任不是企业的义务，而是企业的业务"，德鲁克说"企业是社会的器官，为社会解决问题。一个社会问题，就是一个商业机会。一个巨大的社会问题，就是一个巨大的商业机会"。那么天猫养车则解决了养车行业信息不透明、不对称的问题。做诚实、透明的经营，能降低交易成本，这也符合华与华方法里的科斯交易成本定律。

另外，我们希望做到货真价实。经营的最高境界就是货真价实，给你的东西都是真的，我的价是实的。什么价是实的？第一，没有宰客；第二，物有所值，不会出现劣币驱逐良币的现象。

快消品是营销的杀手，跨行业的经验本身就是咨询公司重大的价值。我注意到在这个案例里面，"小红鼻"其实就是略施小计，却把他们都给惊了。我还看到在休息区的电视机上播宣传片，而电视机的边框上又贴了天猫的宣传，这也是快消品在超市做的动作，所以开修车铺的人肯定是想不到的。但对我们来说，就能到处看到巨大的营销资源浪费。

天猫养车

所有的胜利都是价值观的胜利！
让诚实透明成为企业最大竞争力

天猫养车诞生于2019年，是阿里巴巴集团旗下养车连锁品牌，为车主提供保养、美容、洗车、维修等一站式社区服务。

2019年12月，天猫养车第一家门店开业，2020年3月正式启动对外加盟招商。

2021年7月和华与华合作，核心诉求是"希望华与华以外部视角，给天猫养车（品牌话语）一个笃定的决策"。

通过梳理天猫养车广告语，华与华项目组发现，不到2年时间天猫养车品牌话语历经了3次调整，"天猫养车真省心""大品牌，有保障""全国门店1000家"，感觉都挺好的，却没有制胜。品牌话语的变化只是表象，反映的是找不到战略抓手，"战略失焦，心不定"。

"标准透明有保障"　　　"天猫养车真省心"　　　"大品牌，有保障"

引　言

相信不管你是劳斯莱斯的车主，还是帕拉梅拉的车主，或者是五菱宏光的车主，都会遇到同样的问题，就是到底如何养车？养车到底有什么坑？

上海市消保委汽车专业办公室曾对3000多名车主进行的调查显示，对维修环节不满意的车主里有28.71%的车主对工时费等各项费用高的行为感到不满；在暗访过程中发现两家店员工存在故意破坏车水箱框架，虚假清洗保养，截留超量油液等问题。

大多数车主在技术、汽车知识等方面往往处在弱势地位，这就造成了很多养车套路的产生。

那么，养车套路这么多，天猫养车又是如何为车主服务的？面对天猫养车给的课题，华与华又该如何找到对策呢？

第一章

价值观的胜利：
产业链核心企业的透明经营，
推动行业进步

1. 真正读懂天猫养车，重构养车产业价值链。

华与华认为，企业是社会的器官，是为解决某一社会问题而存在的。企业战略不是企业的战略，而是企业为解决某一社会问题，为社会制定的战略。企业社会责任不是企业的义务，而是企业的业务。

而对天猫养车来说，不仅有企业社会责任，还有核心企业的产业社会责任。就是在一个产业链里，一个核心企业，作为上下游的组织者，共同为消费者提供服务。既要服务于消费者，也要服务于上下游企业，为上下游提供咨询服务。

一切从社会问题出发，项目组发现，养车行业最大的社会问题就是"信息不对称"。

上游	中游	下游
整车厂 2022年，全国在售汽车品牌204个	**4S店** 截止到2021年底，全国有29 318家4S店	**车主** 截至2022年3月底，全国机动车保有量达4.02亿辆，其中汽车3.07亿辆
配件生产商 德国博世集团、大陆集团、日本电装	**社会性汽修店** 40万+家：夫妻店、区域连锁店	

（1）上游——整车厂技术垄断。

整车厂就是汽车生产商，处于整个养车产业链的上游，汽后市场核心三要素：车辆、技术、配件。在新车3年质保期内，维修基本都掌握在4S店手中，4S店领先社会性门店3年的时间差。新车出现维修问题，社会性门店要3年后才会接触到。

在技术难度上，4S店是专店专修，社会性门店要汇集所有车型的修理方案及配件，难度极大。数据表明，国内有上千款车型，相应的配件有数十万之多，对技术的要求和配件的要求是呈指数递增的。

（2）中游——社会性门店难突破技术壁垒，人才培养慢，服务不稳定。

很多养车店还在延续传统的经营模式，主要依靠老师傅的经验积累，在技师培养上，起码需要3～5年的培养，面对修"万国车"的需求，门店技师只能死记硬背，不断练习，自己花时间熟悉不同车型，技师成长慢，能力提升难，服务不稳定。

（3）下游——车主的四个不知道，消费者苦养车套路久矣！

　　大部分中国车主车辆出现问题，主要依靠专业门店来处理。车主养车水有多深？比如你只是去保养这个，结果却修坏了那个；然后你不想做的产品，他给打包在一个套餐里面一起做了；更可恶的是有可能会在保养、维修的时候把原厂的配件给换掉。消费者苦养车套路久矣！

　　车主痛点可以总结为"4个不知道"：做之前不知道车子该做什么；做之中不知道技师在干什么；走之后不知道做没做，做了什么；不知道自己不知道。

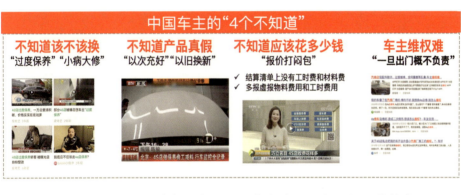

　　基于这样的一个养车乱象，天猫养车确立了自己的经营使命："车健康，人安全"。

　　天猫养车的事业就是要解决"养车行业信息不对称"的社会问题，还给车主一辆健康的车，为所有车主提供安全省心的服务。

　　这里要提到华与华讲营销的两种价值观：一是利用信息不对称，如果消费者不需要真相，也不需要懂得什么是养车，那么我们推荐啥，他就买啥，这个就是靠忽悠赚钱；二是如果让信息对称，消费者成为养车专家，他懂得一切的产品和服务，他就会选择我们。华与华，永远是致力于推动行业的信息对称，因为我们知道如果信息不对称，那就是劣币驱逐良币，而信息对称好的服务和产品就会把差的给驱逐出市场。

那么使命决定战略，解决社会问题还不只是消费者的问题，要推动信息对称，是基于整个产业链给出解决方案，所以要结合企业上下游，还有企业上下游合作伙伴，肩负起对上下游合作伙伴的责任，联合上下游一起来服务好消费者。

天猫养车用什么产品和服务来解决这个问题？

通过对天猫养车经营活动分析，项目组发现，天猫养车掌握了养车行业的两个核心命脉：一个是覆盖"万国车"的养车技术数据，另一个是快速反应的供应链网络。

上游：天猫养车F6智慧门店系统打破上游整车厂的技术垄断，实现技术信息对称。

天猫养车F6智慧门店系统掌握养车行业核心数据，能修"万国车"的技术数据和1.7亿车辆通用数据，拥有强大的技术团队和技术专家团，可以实现新车型上市一个月内完成全车系统的保养维修产品的匹配，甚至拍出视频，确保一看就会。

中游：提高门店两大效率——技师培养效率和配件配送效率。

F6智慧门店系统的所有车型及维修数据，天猫养车门店的员工在手机端都可以直接使用，实现上万种车型与维保配件的自动适配和维修技术的普及，极大地降低了技术门槛，大大缩短了技师培养时间，提高了技师的培养效率和服务品质。

天猫养车的背后是康众汽配，直营自建了一个行业无出其右的仓储物流网络体系，拥有50个中心仓、约200个城市仓和1200个前置仓，在全国除了西藏以外基本覆盖，超10万的维保配件，品类齐全，可以确保"5公里内30分钟"送到门店。

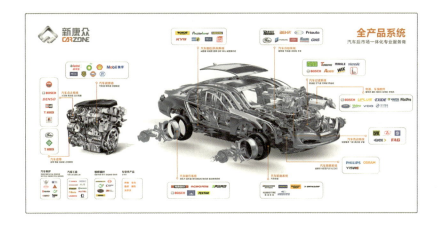

下游：天猫养车App消灭了车主的"4个不知道"。

消费者在消费的时候追求的是信息对称，只要消灭了信息不对称就敢消费，这是底层的消费逻辑。

为此，天猫养车为车主专门推出了一个App，它是车主手机上的养车管家，从车况体检，到配件价格，到服务过程，车主只要愿意，全部可以看到，实现了全透明。对消费者而言，这扭转了传统养车场景下"4个不知道"的被动局面。

在一个产业链里面有一个核心企业，这个核心企业是上下游的组织者，它组织上下游，然后共同为消费者提供这个服务。它既要服务于消费者，也要服务于上下游的企业。天猫养车就是一个这样的角色，它为加盟商提供技术咨询，为上游供应链提供信息反馈，组织上下游企业共同服务好车主。

天猫养车用数字化能力重新构建了养车生态价值链，为上下游企业创造了独特的价值，实现总成本领先。这是价值观的胜利！

天猫养车3年开店1800多家，二店率达到33%。尤其是天猫养车联合运营中心模式，与区域连锁品牌进行深度合作，区域连锁品牌要想提质增效，数字化是必经之路。数字化投入一年几百万元，成本高昂，加盟天猫养车之后，共享天猫养车智慧供应链和智慧门店系统，一下子就省掉一年几百万元的系统开发维护费用和人员成本，帮助传统区域连锁品牌实现降本增效，创造了持续性的成本优势；同时共享天猫养车品牌价值，带来更多年轻客群。1年多的时间就有30个区域连锁品牌加盟天猫养车。

2. 一个品牌就是一套话语体系，用话语体系实现与车主的信息对称。

营销本身是一种服务，广告是给顾客的信息服务，帮助顾客做选择，其实就是给他提供服务。

在天猫养车门店做保养，车主在天猫养车App上可以一清二楚地看到车辆的真实问题、相应的解决方案和报价、服务的全过程，实现信息的对称。

智慧能力

App智慧功能
本质是实现信息对称
从传统养车的不对称到智慧养车的车况、产品、价格、服务过程的信息对称

- 车况透明——车辆管家
- 产品透明——在线下单
- 价格透明——电子报价单
- 服务透明——透明车间

项目组在第一次接触到天猫养车App这些智慧功能时很惊艳，现在养车店都这么先进了！后期在与门店沟通、与车主访谈时发现它是在默默服务，并不为广大车主所熟知，需要重新梳理传播出去。

经过与App产品开发部门几轮学习和验证，重新命名App上的4个核心功能，将晦涩的技术语言翻译成白话，并与车主价值直接关联：

·**产品信息对称：AI适配。**凭借天猫养车能修"万国车"的技术数据，只要输入车型，系统便可精准匹配合适的维保配件型号，而且车主在App上都可以看到——不必担心用错型号，伤害汽车。

·**解决方案信息对称：AI＋人工诊断。**车辆进入天猫养车智慧门店后，通过品牌、车型、里程等信息录入，系统便可自动为车辆进行全车体检，经过人工实车复核，精准诊断车辆隐患，并将车辆体检报告一键发送至车主手机App上，哪些该做，哪些不该做，一目了然，实现"车况全透明"——车主不必担心过度保养、小病大修。

·**价格信息对称：AI报价。**车辆过检后，系统会自动帮消费者匹配对应的服务项目和价格，全国门店线上线下一个价，消费者看到的就是实价，"价格全透明"——不怕虚高报价。

·**服务过程信息对称：AI直播。**车辆进入门店后，智能摄像即可自动识别车辆，追踪到施工工位，并可通过天猫养车App将维保施工全过程直播推送给用户，实现"服务全透明"，且所有施工视频可在线保留30天，支持车主回看溯源，做到"售后有保障"。

▲ 天猫养车App实现养车服务的全链路透明

3. 产品的本质是购买理由，用购买理由封装体验产品
——华与华产品开发在服务行业的实践。

华与华对产品的界定来源于菲利普·科特勒对产品的广义概念：产品是任何一种能被提供来满足市场欲望和需要的东西，包括有形物品、服务、体验、事件、人物、地点、财产、组织、信息和想法等。

产品不只是物质的，还有服务和体验。项目组把天猫养车抽象的智慧体验产品用购买理由封装，通过命名、改善、传播，把它变成了一个可以感知、可以传播的产品。

通过对天猫养车智慧能力进行盘点，项目组找到最有体验感的智慧体验——天猫养车App上的"透明车间"功能。很多车主和门店老板都有印象，但是大家对这个功能的描述众说纷纭，有的说透明车间，有的说施工直播、远程监控。

> "还可以远程监控的啊？"
>
> "现在都这么高级了吗？"
>
> "是比以前方便了不少。"

事实上，天猫养车在这个功能上投入了很大的硬件成本和技术成本。首先在硬件投入上，智能摄像设备基本跟工位实现一对一，成为开店标配，只这一项的硬件成本投入，其他品牌就很难模仿。

技术层面，背后有阿里云和达摩院AI技术加持，能够实现车辆的自动识别、自动追踪，技师动作识别，物体识别，实时推送到车主手机上。不仅能实时看到，视频还能保留30天，每一辆车进入天猫养车门店意味着运算成本和数据存储成本的增加。

但是车主在手机上看到的直播画面就像自己家里安装的摄像头画面一样，硬件价值和技术价值并没有真正地传达给车主。

▲　改善前：车主手机端画面

体验是无形的又是可感的，是因人而异的又是可规范的。项目组用做产品的方法，将底层技术直接放在产品命名里，重新命名为"AI直播"。"AI直播，透明养车"，规范大众的统一认知。

在体验产品中，所有的细节都极为重要，项目组对该功能提出两大改进建议：

首先，增加后台才有的AI识别框，让车主也能看到AI是如何工作的，这是对智慧最直接的表达，建立直观体感。

其次，增加保养服务进度条，将AI动态识别项目和服务进度结合，设立4个关键节点，在车主端完整呈现出从车辆进入工位到保养结束的服务全程，让车主不仅能看见，还能看懂。

▲ 改善后：增加动态的AI识别框和服务进度条

▲ 天猫养车AI直播宣传片

产品的重新开发只是第一步，怎么把它介绍给更多车主？眼见为实，"有图有真相"！项目组将一段完整的小保养服务剪辑成一部产品宣传片，在全国上千家门店循环播放，引爆车主的智慧体验。

在门店观察时发现，做保养的车主主动登录App体验，做其他服务的车主也十分感兴趣，会主动询问或扫码，想要尝试。

第二章

关键是修辞！
一句话打动B端顾客和C端顾客

　　天猫养车独特的经营活动已经创造了独特价值，但是企业在对外表达上，如果没有把自己的核心价值说明白，那不就是白白浪费了投入吗？所以，华与华要做的就是把它说出来。

　　再回到上一章开头天猫养车找到华与华的核心课题：天猫养车的品牌话语应该是什么？当时天猫养车面临的核心课题是门店规模扩张和盈利，需要一句话同时打动B端顾客和C端顾客。

1. 发挥词语的权能，为天猫养车"找魂"，建立"智慧养车"新品类！

　　重新审视"天猫养车"，阿里巴巴引领数个行业的创新，用大数据及智慧化进行重塑，让人们的生活发生质的变化，阿里巴巴和天猫母体最大的基因禀赋就是：大数据智慧化。

项目组重新定了天猫养车是"天猫智慧养车"。

发挥天猫母体与生俱来的基因优势，以天猫的知名度加智慧基因禀赋，建立起天猫养车独特的品类价值，同时打破观望和同质对比，唤醒加盟商和中国车主对天猫养车的最大认同。

2. 广告语的底层逻辑是修辞学！一句话创建两个世界。

亚里士多德说：修辞学就是说服人相信任何东西，或者促使人行动的语言艺术。具备普通的道理、简单的字词、有节奏的句式或押韵，使人愉悦。

天猫养车品牌谚语开创全新品类，实现降维打击：告别传统养车，天猫智慧养车。

运用传播战役中经典的二元论，以"告别"的句式，一笔划开两个世界，一个是传统养车，一个是智慧养车，告别一个旧时代，开启一个新时代！

　　"告别传统养车"同时击中门店和车主的痛点，对传统养车门店发出最后的倒计时，对车主发出邀约。这一句话同时击穿了B端和C端。

　　在字体设计上，赋予品牌谚语一个强大的母体，扎根在中国人文化中的标语字体，标语字体意味着召唤、指令！

3. 一个广告画面的重大突破，天猫养车的核心产品是门店!

天猫养车要实现企业诚实透明，产品该如何实现诚实透明呢？产品是一切的购买理由，既是物质的，又是意识的——服务和体验，核心就是要打破消费者原来不知道产品的信息不对称局面，首先就要让消费者知道天猫养车的核心产品是门店。

作为线下有实体门店的连锁加盟品牌，天猫养车对外的广告一直重点突出天猫养车品牌名和天猫符号。很多车主以为是天猫又推出了一个线上App，或者说是不是要去天猫商城买配件了。其实这是一个信息不对称的画面，容易造成车主对天猫养车业务的误解。

▲　华与华之前：不知道门店长啥样

因此天猫养车的广告画面，项目组以门店作为核心产品重点露出，有图有真相，零基础沟通，直接告诉公众天猫养车门店长什么样，建立起大众对天猫养车门店的熟悉感，这种大众的熟悉感就能够创造品牌大规模的传播。同时把业务范围（保养、维修、洗车、美容）在广告画面上放大，降低所有人的理解成本和沟通成本。

▲　华与华之后：建立大众对天猫养车门店的熟悉感

▲ 全国12＋高铁站投放

第三章

充分发挥咨询公司的跨行业经验，成功开发养车行业营销日历标杆

1. 充分发挥咨询公司的跨行业经验，是华与华的核心能力。

除了体验产品，天猫养车还有服务产品，要让车主知道我们什么时候要做什么服务，以及为什么要做。

传统养车连锁门店做活动就是打折促销和卖卡，一个产品就是一个套餐，车主也不知道里面有什么猫腻，然后也不知道什么时候做，以及为什么要做。而且这种形式极容易被模仿，消费者在不了解服务的情况下，只能陷入比价的思维，最后只能越卖越便宜。

华与华的资源禀赋之一是掌握快消、餐饮、药品等跨行业的经验，在其他行业司空见惯的做法，在另一个行业就能成为制胜的关键，实现降维打击。

天猫养车"小红鼻"营销日历就是华与华首次把快消品的营销经验导入传统养车行业的跨行业操作，使之成为通过信息对称实现品牌溢价、正向经营的标杆案例。

2022年春季，在多城市门店停摆情况下，小红鼻营销日历销售额依然增长125%，供应链毛利增长77%。

2. 痛点营销，为天猫养车创意超级符号小红鼻，完成跟车主对暗号。

小红鼻营销日历是在夏季来临开空调之前销售车内空调清洗服务，主要是空调蒸发箱清洗。

蒸发箱是藏在车内的空调部件，平时看不到，它决定着车内空气质量，却是空调系统中藏污纳垢的地方，容易发霉，滋生细菌，也可能会致命。

据新闻报道，湖南长沙的一位车主，驾驶一辆两个月未开的轿车外出后突然出现高烧、呼吸困难等症状，紧急送入ICU后确诊为军团菌感染，医生怀疑病菌来自车内空调。

军团菌是一种非常厉害的致病菌，严重的话会导致呼吸衰竭和肾衰竭，并且它们还特别喜欢生活在空调滤芯和蒸发箱这种环境中。

科学的清洗是可以有效杀灭空调中的细菌的，但很多人可能会觉得定期去换一下空调滤芯就可以了，其实光换滤芯还不够，还得做蒸发箱的清洗。所以，华与华直接把洗蒸发箱作为空调清洗项目的一个主推产品，并且通过对汽车空调原理及产品科学的了解，项目组重新设计了空调蒸发箱项目的购买理由：车子空调脏，关键脏在蒸发箱。

车子空调脏，关键脏在蒸发箱

引发注意，唤醒需求　　　　　　　　　　**产品聚焦**

> ✓ 引发注意，唤醒需求
> ✓ 超级词语，"关键脏在"实现强调和聚焦
> ✓ 知识普及，90%车主不知道的养车知识
> ✓ 口语白话，可"播传"，可以说给别人听

　　· 以超级句式，"关键脏在"实现强调和聚焦，引发车主注意，唤醒需求。

　　· 实现信息对称，普及90%车主不知道的养车知识。

　　· 口语白话，可"播传"，可以说给别人听。

车内空气不好，怎么跟车主沟通？将抽象的感受具象化，这是一大难题！

　　项目组认为：养车店就是汽车的医院，我们要像卖药品一样卖服务。通过症状跟车主对暗号，用症状唤醒需求！于是将空气不好的体感从轻到重排序，鼻子开始闻到异味时，还处在轻度污染，如果你坐车头晕、鼻敏感甚至打喷嚏，污染程度就比较严重了。

　　这时就能明显地发现：车内空气不好，鼻子首当其冲，嗅觉反馈是来自身体的原始警告信号。

车内空气不好，会有哪些体感？
——鼻子首当其冲

人类的嗅觉反馈，是来自身体的原始警告信号

异味 / 头晕 / 鼻敏感 / 打喷嚏

营销日历的超级符号，把鼻子不舒服用红色球代表症状，创作超级符号"小红鼻"，并放在一个哭泣的小姑娘的鼻子上，设计警示性海报，放大刺激信号的能量，完成跟主要消费群体"家庭客户"对暗号。

▲　华与华前：卖打折套餐（左边）　华与华后：痛点营销对暗号（右边）

3. 为天猫养车导入快消行业打堆头的经验，实现降维打击！

作为重要的春季营销日历，门店是销售主阵地，常见的陈列方式是产品陈列，把清洗产品摆得花样百出，但是不能解决问题，车主还是不知道这个是啥，有什么效果！

要道具陈列
不要产品陈列

项目组导入快消行业的经验——打堆头。堆头是华与华在快消行业常用的营销道具，堆头可以提供丰富的购买指令和购买指南，实现信息对称，降低消费者的决策成本。

在小红鼻的堆头设计上，项目组首先明确了一个重要原则：摒弃行业常见的产品陈列方式，要道具陈列，不要产品陈列，要让车主一目了然地看见效果，提供清晰的购买理由、购买指令、购买指南。

在门店进行打样测试时，项目组成员刚布置完堆头，就有车主凑上来询问并成功购买，变被动销售为主动了解购买。

· **汽车部件实物对比**：很多车主不知道有蒸发箱，更不会知道蒸发箱有多脏，项目组就真实陈列一个蒸发箱旧件，让霉斑、灰尘眼见为实。

· **清洗效果真实陈列**——蒸发箱清洗快消品陈列：蒸发箱清洗是在引擎舱密闭的环境中进行，一般在副驾驶腿部的位置，车主很难看到清洗过程，效果也很难感知。

在门店走访的过程中，项目组发现，聪明的门店会把清洗的脏水收集起来，脏水中各种杂质清晰可见。这种杂质是不会沉淀的，一直悬浮在水中，并标上具体车牌号集中展示。

项目组学习快消品陈列的方式，用大号脏水缸或水瓶进行集中展示，放大刺激信号，并标明各种杂质的信息：细菌、真菌、尘螨。空调蒸发箱就是细菌培养皿，于是发出购买指令：家里有小孩，赶快看过来！

脏水　　脏蒸发箱

家里有小孩，赶快看过来

90%车主不知道
空调蒸发箱，就是细菌的培养皿

细菌　真菌　尘螨

天猫养车

清洗前　　清洗后

▲　关键道具

　　·**购买指南**——提供价格及理化数据证明。除了触目惊心的脏水刺激，为车主提供临门一脚的价格信息和清洗效果的理化数据"杀菌率99.9%"，完成购买。

　　小红鼻项目是华与华为天猫养车创作的第一个营销日历，通过导入跨行业经验，一经推出即为行业标杆，赢得重要加盟商盛赞："我们干了20年的汽修，从来没有见过这样做产品的。小红鼻这个项目，我认为是整个汽车行业有史以来最成功的一个项目，未来我们的核心项目能不能都这么包装？"

　　所以说，养车行业最重要的就是营销问题，把问题可视化，把解决问题的信息给客户，做到信息对称，他就买单了。

第四章

建立组织生活共同体和文化共同体，
实现共生共赢

1. 华与华的渠道观：渠道不仅是分销体系，更是一个组织生活共同体。

　　渠道是什么？渠道不仅是一个分销体系和利益共同体，更是企业"体制外，结构内"的组织共同体，是相互依存、共同发展的组织统一体，是人的组织统一体，属于组织行为学的范畴，要有成员，有领导，有层级，有制度，有激励，有奖惩，有目标，有组织生活，有仪式。

<h1 style="text-align:center; color:orange;">渠道属于组织行为学</h1>

有成员，有领导，有层级，有制度，有激励，有奖惩，有目标，有组织生活，有仪式

天猫养车处在快速发展期，门店规模突破1800家。但是若想真正成为基业长青的品牌，一定是要把赋能组织、共同成长的能力提升起来的。这要求企业必须培养好组织能力，降低内部交易成本。

通过对天猫养车经营活动的梳理，华与华提出天猫养车在运营督导、人才培养、组织生活上需要强化，为天猫养车的快速发展打下坚实的组织基础。

2. 华与华"3板斧"，构建天猫养车加盟商组织生活共同体。

（1）运营督导：不要结果导向，要因果导向，为天猫养车导入过程管理，形成习惯共同体。

天猫养车全国门店规模的快速扩张，不得不面临一个现实，就是门店分散，后期运营维护、门店管理跟不上。

运营教练是联结品牌和门店的关键环节，华与华首次将快消行业的渠道管理经验移植到加盟连锁行业，将过程管理纳入运营教练的绩效考核，将总部运营要求拆解成可量化的具体指标，真正落地到门店，形成全国门店的习惯共同体。

（2）人才培养：企业是经营知识的机构，核心抓店长成长培养，形成知识共同体。

华与华强调所有行业的企业都是咨询业，企业是经营知识的机构，是为人类创造新知识的前沿，每个企业都要成为这个领域的首席知识官、首席发言人和首席答疑人。对外是，对内更是，人是公司发展的第一目的。

　　天猫养车在开始时就搭建了完备的技师培训及认证体系，具备完整的技师职业成长晋升体系。但是在门店经营能力上需要强化系统的培训，项目组在门店走访的过程中发现，这是门店十分迫切的需求。

　　店长是门店管理的核心枢纽，我们提出核心抓店长的持续培养，启动"天猫养车店长成长班"，并成立"天猫养车学院"。天猫养车成立专业团队研发并设计有体系的店长成长课程，在门店开业前1个月有"新店开业培训"，门店开业3～6个月有"金牌店长培训班"，1年之后有"门店经营特训营"，帮助加盟商培养综合型的管理型人才，减轻加盟商管理负担，尤其是多店加盟的加盟商。

　　2022年11月14日，天猫养车"门店经营特训营"正式开营，来自全国的100多位店长和加盟商参加首届课程，以课堂培训与实战演练的方式，帮助门店经营者从技术型、服务型人才向综合管理型人才转型。

▲　天猫养车首届"门店经营特训营"培训现场

▲　天猫养车首届"门店经营特训营"

（3）组织生活：贯彻加盟商管理日历，用线下加盟商大会，形成组织生活的共同节拍。

　　天猫养车有先天的互联网基因，更习惯于线上跟加盟商沟通，线上培训、线上开会、线上宣贯。

　　为此华与华提出四个坚持：

　　天猫养车加盟商大会一定要坚持年年办；

　　坚持同一时间办；

　　坚持线下办；

　　坚持见面办。

　　通过一年一度的加盟商大会，实现组织战略的一致性、思想的一致性和行动的一致性，形成天猫养车组织生活节拍，这既是组织生活，也是管理行为。

　　2022年3月，天猫养车举办了第一届加盟商大会，2000多个加盟商一起分享了企业未来的规划、内部的优秀经验，同时也颁发了20多个对组织有贡献的奖项。

▲　第一届加盟商大会新康众COO李逸先生讲述品牌战略

▲　华与华董事长华杉先生主题演讲

▲　发布天猫智慧养车门店产品战略及终极想象

▲　天猫养车门店升级，发布全套门店元媒体系统，在会场1∶1还原

▲　加盟商现场订购小红鼻热卖堆头

　　2023年3月，天猫养车也在同一时间举办第二届加盟商大会。天猫养车的CEO李逸先生说："加盟不是一个简单的合作，而是需要全身心投入，就像结婚一样，有了组织生活共同体，才能真正拉着所有人全身心投入地发展。"

华与华方法

营销的两种价值观

华与华讲营销的价值观有两种：

一是利用信息不对称，消费者不需要真相，也不懂得产品科学，我只需要占领他的心智，蒙住他的眼睛，牵着他的手，让他选择我。

二是让信息对称，假如信息对称，假如消费者是专家，懂得产品和服务的一切真相，他就一定会选择我！

华与华历来推崇第二种营销价值观，不懈地推动信息对称，因为在信息对称的情况下，必定会有最好的产品和服务。所以营销的本质是一种服务，给顾客提供信息和咨询服务，它的背后是价值观。

营销的两种价值观

一是利用信息不对称，消费者不需要真相，也不懂得产品科学，我只需要占领他的心智，蒙住他的眼睛，牵着他的手，让他选择我。

二是让信息对称，假如信息对称，假如消费者是专家，懂得产品和服务的一切真相，他就一定会选择我！

知识和诚实，符合我的所有利益。如此，就能滴水穿石，基业长青。

所有的胜利都是价值观的胜利！

天猫养车是华与华践行营销价值观的标杆案例，始终紧扣"社会问题等于企业社会责任"的战略意图，承担了核心企业在产业价值链上的社会责任。让诚实透明成为企业最大的竞争力，更深一步将企业社会责任深化到产业价值层面，通过智慧能力赋能整个产业链发展！

华与华超级符号案例点评语

华 杉
华与华营销咨询有限公司创始人

　　每一个城市都可以成为世界的中心，首先要找到它的价值坐标。道真有两个坐标，一个是世界的坐标——"世界傩戏之都"，另一个是市场的坐标——重庆都市圈的"全域森林康养城市"。

　　在城市营销里面，也包括我们做的所有营销，其实华与华一直都强调一个观念，就是推己及人、由内而外、由近及远、近悦远来，所以首先是从自己做起。道真所有的宣传都是从内部的宣传开始做的，它首先是从自己的城市里面形成氛围，而且让道真小朋友们都跟着会唱《道真之歌》。这首歌从道真唱到重庆，再唱到全国。现在遵义周边的县都很羡慕道真，因为道真有了完全不一样的形象。我想假以时日，比如两三年，我们就能看到道真更明显的变化。

道真
超级符号引爆城市品牌

　　贵州省道真县是华与华兄弟华杉和华楠的故乡。

　　华与华创始人华杉于1971年，华楠于1974年，出生于贵州省遵义市道真仡佬族苗族自治县上坝土家族乡新田坝村的一个教师家庭，父亲是上坝中学的数学老师，母亲也是上坝中学老师，后来通过进修成为一名英语老师。

　　道真县位于贵州最北部，地处贵州和重庆交界处，属于重庆一个半小时经济圈，素有"黔蜀之屏，银杉之乡，仡佬故土，傩戏王国"之称。道真境内风光秀美，生态优良，山、水、林、泉、瀑布、峡谷、洞穴交相辉映；年平均气温16℃，冬无严寒，夏无酷暑，是重庆人避暑纳凉的"后花园"。

　　为回报家乡，华与华在2021年10月成立了道真项目组，为道真亲情赞助了城市品牌全案营销策划，作为支援家乡建设的一个公益项目。道真也由此成为华与华历史上第一个免费服务的项目，不仅不收一分钱，华杉更是亲自出演广告片，还资助其广告费。

　　华与华为道真建立城市品牌，希望通过设计和推广，提升道真在重庆和贵州的知名度和价值感，实现三个目标：

（1）让当地百姓引以为豪。

（2）让旅游者受吸引而纷至沓来。

（3）让投资者踊跃投资。

那么，道真的城市品牌怎么做呢？

▲　华与华项目组在道真调研座谈

引 言

2022年8—10月，由华与华创意，董事长华杉先生亲自上镜出演的贵州省道真县城市旅游广告片《要想身体好，多往道真跑》霸屏重庆新潮传媒，覆盖全城6000多部电梯媒体，一举引爆道真城市品牌。

广告片中华杉先生头戴面具，用《我在马路边捡到一分钱》耳熟能详的旋律，亲身唱跳表演，成为一大亮点。

▲ 道真广告宣传片画面

华杉为什么要戴着这样的一个面具？这个超级符号创意是如何诞生的？这部广告片创作的原理是什么？运用了哪些华与华方法呢？

接下来本篇将全面解析道真案例，讲述华与华如何用超级符号的方法为道真建立城市品牌。

第一章

城市价值坐标——
每一个城市都可以成为世界的中心

　　华与华认为，每一个城市都可以成为世界的中心，不是地理版图意义上的中心，而是"价值版图"意义上的中心。

每一个城市都可以成为世界的中心
不是地理版图意义上的中心
而是"价值版图"意义上的中心

比如瑞士的达沃斯，是世界会议之都；法国的戛纳，是世界电影之都；奥地利的维也纳，是世界音乐之都。找到自己的价值坐标，就能吸引全世界。

首先要盘点道真的资源禀赋。

道真的大沙河，是国家级自然保护区，有国家一级保护动物黑叶猴、550岁的银杉王。奇特的地貌造就了道真的奇山幽谷，有插旗山、仙女洞、华山林场、忠信石笋等。道真还有凌霄河和芙蓉江，为道真增添了灵秀之气；更有灰豆腐、党参鸡、三幺台这些在别处吃不到的原生态美食。

除此之外，道真还有两项绝活：一个叫傩戏，是一种消灾祈福的古老仪式，在道真传承了上千年，被誉为"中国戏剧的活化石"；另一个叫高台舞狮，在九层垒起的方桌上攀爬跳跃，看的人是提心吊胆，扣人心弦。

▲　道真大沙河

▲ 道真银杉王

▲ 道真插旗山

▲ 道真芙蓉江

▲ 道真傩戏

那其中有什么样的禀赋能够吸引全世界的目光？就是傩戏！

因为在全世界都有像傩戏这样的面具艺术表演形式。道真傩戏是以祈福迎祥为目的，求风调雨顺和消灾纳福的活动，由民间艺人组班表演，有歌有舞，或说或唱，文武并重。相传日本的能剧，就是源于中国傩戏。而道真被称为"傩戏王国"，有"中国傩戏看贵州，贵州傩戏看道真"的美誉。

道真的傩戏禀赋，还吸引了重庆的企业在道真投资，建设了世界上规模最大的傩文化古城——中国傩城。所以道真是当之无愧的"世界傩戏之都"，这就是道真在世界的价值坐标！

▲　道真傩戏

找到了道真的价值坐标，下一步就要将它赋予到城市品牌当中，去释放它的魅力，这就需要超级符号！

第二章

用世界级文化母体
建立城市品牌超级符号

什么叫文化？翻开《现代汉语词典》，词典上写着对文化的定义：人类在社会历史发展过程中所创造的物质财富和精神财富的总和。

文化就是物质财富和精神财富，我们所做的一切工作，都是创造物质财富和精神财富。知道了什么是文化，才知道怎么去做品牌。

华与华习惯用超级符号来打造品牌，因为超级符号是人们本来就记得、熟悉、喜欢的符号，是蕴藏在人类文化里的"原力"，是隐藏在人类大脑深处的集体潜意识。

那超级符号从哪里来？就是从人类文化母体中来。道真的超级符号是什么，就要从道真城市的文化母体中去挖掘。

道真的价值坐标是"世界傩戏之都"，那么道真的世界级的文化母体，就是"傩戏"！

在傩戏表演中，傩戏面具是最重要的道具，是区别于其他戏剧的重要特征。

一开始，项目组想用傩戏面具来代表道真，但道真傩戏角色有

70多种，哪一个才能代表道真呢？

有一次，项目组在观看傩戏表演时，突然发现，这些面具虽然长得都不一样，但它们有一个共同的特点！那就是都有一双会动的眼睛，能将角色表演得活灵活现，这也是道真傩戏面具独有的特点。

▲　道真傩戏面具

找到了道真傩戏面具"眼睛能动"这个特点，而且眼睛本身就是一个刺激信号极强的视觉符号，如何把它私有化改造，寄生在道真品牌上，成为道真专属的超级符号呢？

通常城市品牌符号的做法，都是设计一个图形标志，让人去联想。

但是华与华认为，城市品牌符号最低成本的设计方法，不是设计一个"图形标志"，而是设计"城市标字"。要让消费者第一眼看见就知道这是张三还是李四，最好的办法就是写着张三或李四。做道真的超级符号，最低成本的做法就是做"道真"两个字。

项目组将傩戏面具"眼睛能动"这个特征和"道真"的名字进行创意组合，充分发挥眼睛符号与生俱来的戏剧性，将"道"字的顶部两笔变成一双眼睛，创作出道真的超级符号"道真之眼"，就像在盯着你看，道真的形象一下子就活了起来。

发挥品牌与生俱来的戏剧性
道真傩戏面具"眼睛会动"
+ 道真

可以说，道真的城市符号，是中国所有城市符号里面识别成本最低的。一眼就能看出道真，其他城市只能靠猜。

▲　超级符号：道真之眼

有了"道真之眼"超级符号，项目组用它为道真设计了一系列城市礼物，有帽子、T恤、卫衣、徽章、水杯、水壶、笔记本、冰箱贴、眼罩等产品，在道真的城市礼品店已经可以购买。

▲ 道真城市礼品设计

第三章

每一个城市都需要一个超级角色

　　每一个城市都需要一个超级角色！它能极大提升城市品牌的记忆度，并能为城市带来直接或间接的经济效益。

　　比如，德国柏林的象征是柏林熊，在柏林的市徽和各种纪念建筑物上都能见到它的形象。日本熊本县的吉祥物熊本熊，因一个独特而可爱的形象，为熊本县带来巨大的观光以及其他附加收入，在振兴熊本县经济、宣传熊本县名气方面起到了很强的推动作用。

▲　德国柏林城市的象征——柏林熊

▲　日本熊本县吉祥物——熊本熊

那道真的"超级角色"是什么？我们要占领一个文化母体原型角色。

项目组继续从道真傩戏中挖掘，找到一个非常有记忆点的角色——歪嘴秦童。他是傩戏中必不可少的角色。首先他是一个喜剧角色，能够逗人欢乐；其次他是一个书童，有服务精神；最后他歪嘴斜眉，特色鲜明，极具辨识度。

在傩戏《甘生赶考》中，秦童为甘生白天挑担、夜晚点灯，甘生考中状元，感恩秦童的陪伴和付出，带秦童就职，一起管理所辖境地，令人们安居乐业。秦童在剧中机智幽默，隐含智慧，是深受地方民众欢迎的"喜乐神"。

那如何创造一个道真独有的秦童超级角色呢？

项目组在道真傩文化博物馆里进行"寻宝"，找到一个道真独有的秦童面具，将它拟人化、卡通化、生动化、时尚化，用现代的插画技法将这个面具人物"复活"，并且与超级符号"道真之眼"相结合，创作出人见人爱的超级角色IP——道真秦童。

▲　超级角色：道真秦童

▲ 道真秦童表情包

▲ 道真秦童面具使用

　　项目组还为道真秦童赋予了一个新身份——"道真导游"。其工作就是宣传道真森林康养、旅游景点和农特产品。

道真城市品牌超级角色
道真导游——秦童

姓名：秦童
性别：男
出生地：贵州道真县
生日：2月24日
星座：双鱼座
身高：约170 cm
体重：约70 kg
个性：机智幽默，逗人欢乐
兴趣：旅游，唱傩戏，吃灰豆腐、党参鸡
工作：道真导游
宣传道真森林康养、旅游景点和农特产品

▲　道真导游秦童

▲　秦童游玩道真

同时，项目组也用这个超级角色，为道真开发了一系列城市礼物。

▲　道真秦童 城市礼物设计

第四章

城市市场坐标——
一个城市的战略发展方向

道真有了超级符号和超级角色，这个城市就有了一套城市符号系统。那么，道真的城市战略定位应该是什么？城市品牌战略定位是城市的事业领域选择，即一座城市发展方向的市场坐标定位。

首先要明确目标市场。由于道真离重庆非常近，实际上属于重庆都市圈，那么，目标市场就是重庆。

根据道真的资源禀赋，道真可以面向重庆发展旅游，这点没问题。但旅游其实又分为五个层次，越往后，层次越高，消费越高。

最低层次的第一个，叫"旅而不游"。一天之内到处跑，上车睡觉，下车拍照，顶多买个门票。吃个泡面，还是自己带的！这个价值是最低的。

第二个，叫"观光"。比旅游好一点，不是拍了照就走，至少坐在那儿喝杯咖啡，观光一下，吃顿饭再走。

第三个，叫"度假"。比如最近工作太累了，飞到三亚去玩一周，这个叫度假，但可能一年就一两次。

第四个，叫"休闲"。休闲是每周末都要去的，已经成为生活中的一种常态，花的钱自然就更多了。

最后第五个，叫"居住"。既然每周末都去，干脆就买一间小公寓甚至一栋别墅，这时候的消费，就达到了最高峰。

而道真想要的目标市场，不是卖旅游观光，而是卖休闲和居住。

第一，每周末，重庆人都能带着家人来休闲。这里有灰豆腐、党参鸡，还可以观赏高台舞狮、看傩戏。

第二，重庆老人退休以后，可以买房居住在道真。这里生活成本低，空气质量好，每周末儿孙也能来团聚。

这是道真要形成的市场。那针对这样的市场，道真有什么样的禀赋？

项目组发现，道真拥有丰富的森林资源，森林覆盖率高达61.35%，每立方厘米空气中负氧离子含量8000个以上，是一个天然的森林氧吧，曾获得过中国"最佳生态环境宜居县"、中国"百佳深呼吸小镇"等荣誉称号。

优越的生态环境、富氧的清新空气、清澈洁净的水资源、触手可及的中药材、安全生态的食品、独特的傩戏和仡佬族文化，这些让道真成了绝佳的森林康养目的地。

基于道真的森林资源禀赋，华与华为道真确立了"全域森林康养城市"的品牌定位。从康养的角度，结合道真全域的森林资源，将道真的旅游资源进行整合，能够让道真成为重庆和周边城市最理想的"全域森林康养"目的地。

全域森林康养城市

那有人问，森林康养不是哪儿都有嘛，道真的森林有什么不一样吗？哎，还真不一样！

在全球，森林康养有四大最佳树种：松、杉、桧、柏。道真的森林主要有三种树：松树、杉树和柏树。

这三种针叶林树木在芬多精（植物抗菌素）释放的质与量上都居于植物前列，有抗菌效果，有助于提高人体免疫细胞活性，从而对人的咳嗽、哮喘、慢性气管炎、肺结核等病症，具有显著的预防和减缓作用。所以许多疗养医院大都建在松林之中或者建在松树分布较多的地区。

那如何对道真的森林康养进行宣传呢？项目组找到了一个文化母体：松竹梅"岁寒三友"。基于大众对"岁寒三友"的熟悉感，项目组将道真森林的优势资源，即松树、杉树和柏树，进行创意组合，命名为：道真松杉柏"康养三友"。

项目组还创意开发了松杉柏"康养三友"森林疗养区，名字不仅朗朗上口，好记，而且让人一听就想来，这就为道真的全域森林康养建立了唯一性、独特性和排他性。

▲　松杉柏"康养三友"森林疗养区标志（从左至右：松树、杉树、柏树）

▲　松杉柏"康养三友"森林疗养区导视

　　而且项目组还在道真发起了一项号召，"每人每年一棵树，种树就种松杉柏"，立志用十年时间让道真成为全中国松杉柏森林覆盖率第一的城市，让每一个道真人都能够参与到全域森林康养城市的建设当中；并且把其中一片最好的森林命名为重庆森林，要让重庆的小朋友也来道真种树，让重庆人在道真建设自己的重庆森林。

第五章

广告语"填空法"：
创作有翼飞翔的城市品牌谚语

有了"全域森林康养城市"的品牌定位和松杉柏"康养三友"森林疗养区这个独特的产品，该如何用一句话对道真进行传播？让消费者一听就想来道真，还能把道真介绍给身边的朋友？这就需要品牌谚语。

通常城市的广告语，可能看了之后大家都猜不出说的是哪个城市。

道真原先的城市广告语，叫"世外桃源·生态道真""神秘仡佬·养生道真"，能知道是道真，但这还只是书面语，无法引起人的反射，刺激人去行动。

项目组为道真创作了一句有翼飞翔的品牌谚语：要想身体好，多往道真跑！

要想身体好
多往道真跑

这句话怎么来的？华与华用的是广告语创作"填空法"。

第一，先写品牌名。广告语里要尽量包含品牌名，所以先把"道真"两个字写上。

道真

第二，确定购买理由。根据前面确定的"全域森林康养城市"定位，项目组要进一步思考打动消费者的购买理由是什么。森林康养的目的是让身体健康，那就直接把它说出来。

项目组找到了一句人们非常熟悉的俗语"要想身体好"。这句话在生活中有大量的运用，比如：要想身体好，一天三颗枣；要想身体好，必须睡得好；要想身体好，锻炼少不了。能找到这样一句大众耳熟能详的俗语，而且符合康养的定位属性，这就已经成功一半了。

要想身体好
道真

第三，**发出行动指令**。加上"多往"和"跑"这两个行动指令，得到完整的广告语——要想身体好，多往道真跑。还不是跑一次，是多跑几次，而且"跑"和"好"还能押上韵，这就能不胫而走，长腿的创意自己会跑，能在大众的口耳之间形成播传了。

要想身体好
多往道真跑

第四，**符合修辞的艺术**。亚里士多德说：修辞学是说服人相信任何东西，或者促使人行动的语言艺术。广告口号的底层逻辑就是修辞学。

亚里士多德对于修辞有四个要领：普通的道理；简单的字词；有节奏的句式或押韵；使人愉悦。

"要想身体好，多往道真跑"就完全符合这四个要领。最重要的是使人愉悦，愉悦是说服的捷径，愉悦让人接受。"要想身体好，多往道真跑"一听就让人愉悦，开心了，人就来了。

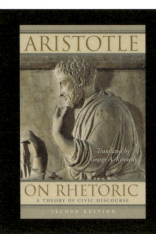

广告口号的底层逻辑是修辞学

修辞学就是说服人相信任何东西，或者促使人行动的语言艺术。——亚里士多德

普通的道理

简单的字词

有节奏的句式或押韵

使人愉悦

第六章

由内而外，由近及远，
用三大动作发动城市品牌宣传

有了超级符号"道真之眼"、超级角色道真秦童以及品牌谚语之后，只有持续投资这个品牌符号、角色、谚语，将它运用到城市品牌的宣传中，不断为其注入能量，它们才能发挥威力，价值才会越来越大。

一切宣传首先都应该是内部宣传，由内而外，由近及远。

城市品牌传播，也是先从所在城市本身开始，在本地市民和公众中进行传播。要让所有的人都明确和了解自己城市所要达到的目标。

为了让道真的全新品牌形象得以全面落地，项目组依托道真县委县政府现有的城市宣传资源，做了三件事：城市元媒体工程、城市礼品店和城市超级广告片。

1. 城市元媒体工程。

从道真城市户外高炮、跨街天桥、城市围挡，到乡镇田间的宣传牌，开展城市"元媒体工程"，用超级符号"道真之眼"焕新城市面貌，让道真的老百姓第一次通过这双眼睛，感受到自己城市的独特魅力。

▲　道真城市元媒体工程

2. 每一个城市都应该有一间自己的城市礼品店。

　　大家有没有发现，全国各地旅游景区卖的纪念品都是一样的，为什么？因为没有超级符号！华与华用超级符号为道真设计了全套旅游纪念品，城市礼品达到纽约设计标准！

为什么说是纽约标准呢？二十年前华杉在纽约曼哈顿走进一家 I ♥ NY 的纽约城市礼品店，当时就想中国每个城市都应该有这样一家城市礼品店。

▲ I ♥ NY纽约城市礼品店

华与华用超级符号为道真设计了城市礼品店，并开模打样了一家门店，然后由政府招商，将城市品牌符号授权给企业，进行城市礼物的生产和门店运营。这种城市品牌授权管理的模式，也为各地城市礼物开发运营提供了一个可借鉴的典范。

▲ 道真城市礼物门店

314

包装即媒体，农产品包装也是城市"元媒体"。

同时，项目组将道真城市品牌符号和秦童角色运用在道真特色农产品包装上，将大米、香菇、花椒、党参、茶叶、灰豆腐等产品重新进行包装设计，将农产品的媒介功能发挥到最大，让每一次销售，都是对道真的一次宣传。

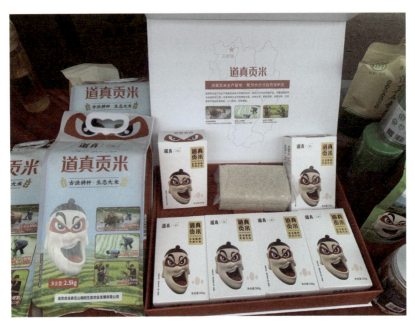

▲　道真农产品包装

　　项目组还为道真开发了一款农产品礼盒，里面可以装任意农产品组合来送礼。

　　华与华说包装即媒体，项目组就把这个礼盒当成一个"媒体"来进行设计：一面写道真农特产介绍，一面写道真的旅游景点介绍，侧面还有道真旅游手绘地图指南。这款礼盒就像是一张道真旅游报纸，让每一个收到礼盒的人，都能了解道真的美食美景，激发他们来道真游玩的兴趣。

▲ 包装即媒体：道真农产品礼盒设计

3. 超级歌曲广告片，引爆城市品牌。

为了进一步向外界推广道真，尤其面向重庆市场宣传道真，华杉亲自创意作词改编歌曲《我在马路边捡到一分钱》，并亲自演唱，还上镜出演了由华楠导演的道真旅游广告片《要想身体好，多往道真跑》。而且华杉先生自掏腰包，在重庆新潮传媒电梯投放了2个月广告。

广告片在道真自媒体首播当天，就在全网获得了超过42万次播放量，引起巨大的反响。有人说看完一遍之后自己都会唱了，还引发了当地小朋友跟风模仿。

▲　道真小朋友唱道真之歌

接下来就为您解析，这部广告片创意背后的原理：

（1）广告歌曲不要自己创作，而是要找文化母体歌曲改编。

华与华创意的广告叫作"醒脑广告"，而不是"洗脑广告"。洗脑广告狂轰滥炸，满地打滚，硬往消费者的大脑里闯。华与华的醒脑广告则是"卷入"，是唤醒大众的集体潜意识和大众美好情绪，大众自己就能传诵。

华与华在创作广告歌曲时，不会自己去创作一首曲子，而是去寻找文化母体歌曲改编。一定是找到一首耳熟能详，已经进化为声音符号的歌曲。

《我在马路边捡到一分钱》就是这样的歌曲，它创作于1963年，风靡中国半个多世纪，是中国人童年集体潜意识的美好记忆，而且会一直流行下去。

（2）广告歌词主旋律只重复一句话。

项目组买下了这首歌的版权进行改编。广告歌词的改编也有诀窍，就是主旋律只重复一句话。就像华与华创作的蜜雪冰城歌曲，30秒就重复"你爱我，我爱你，蜜雪冰城甜蜜蜜"一句话。

道真的广告歌，主旋律也就重复"要想身体好，多往道真跑"一句话，不断重复才能形成记忆和传诵。如果想加其他的词，可以加在副歌念白部分。

来看一下道真广告歌词（1分钟版）：

（唱）
要想身体好　多往道真跑
要想身体好哇　你多往道真跑
你要想身体好　你多往道真跑
要想身体好　你多往道真跑
（念）
灰豆腐　党参鸡　生态食品吃安逸
高台舞狮看傩戏　敲锣打鼓看稀奇
森林氧吧　空气好　大口呼吸
白天漂流　晚上唱歌　烧烤整起

（唱）

要想身体好　多往道真跑

要想身体好哇　你多往道真跑

你要想身体好　你多往道真跑

要想身体好　你多往道真跑

（念）

重庆的朋友们　你们好

我们是贵州省道真县

就想跟重庆人交朋友哦

欢迎你们来道真耍

车子一开　全家都来

要想身体好　多往道真跑

在歌词的念白部分，像相声里报菜名似的把"灰豆腐、党参鸡、高台舞狮、看傩戏、森林氧吧、白天漂流、晚上唱歌、烧烤整起"全都报了一遍，为什么？

因为广告的本质是为消费者提供信息服务，是向消费者发送信号。这些都是道真的产品，就像一家餐厅，要打出自己的招牌菜，才能吸引顾客来。

还有人问，为什么最后一段只说"重庆的朋友"，不说"全国的朋友"呢？我们也想呀！但重庆离道真最近，是道真旅游的主要客源市场。既然我们想吸引重庆人来，那我们就要在广告中对重庆人发出明确的信号。而且这也是华与华近悦远来的思想，我们先把近处的朋友照顾好了，远方的朋友自然就来了。

（3）广告片就是耍把戏，好广告浑身都是戏。

在华与华，创意广告片不是编故事，故事≠创意，广告片一定要耍把戏。

"把戏"是什么？"把戏"是能让受众目不转睛地看，一字不落地听，全盘接受你传达的意见，并倾向于接受你提供的结论，用把戏耍宝把重要的信息植入受众的意识底层。

把戏，不仅在于整体，也在于细节。得其真味者才知道，到底是什么地方，哪句话、哪个画面、哪个表情、哪个眼神替你卖了钱。有时候你会发现演员比情节要重要得多，有的人一上镜就浑身是戏，他说啥大家都爱听，都相信。

为了演好道真这出"戏"，华杉先生亲自上阵，使出浑身解数，卖力演出。从戴上秦童面具出场，到最后举起"道真之眼"画框，每一个动作、每一个表演、每一个镜头，一帧一秒都是"机关算尽"，都是在用超级符号为道真积累品牌资产，建立起道真品牌资产的摩天大楼。

▲　道真旅游广告片视频

华与华非常荣幸能够回报家乡，参与道真的城市品牌建设事业。2022年是华与华服务道真的第二年，华与华对道真的服务会继续深入下去。

在中国像道真这样的县城有1300多个，它们大多数都有资源，有禀赋，但不知道如何去挖掘，也没有被外界所知晓。这也是华与华作为咨询义工，将道真项目作为一个长期战略性公益项目的原因。华与华希望在道真县委县政府的领导下，携手道真人民一起，为中国县城的乡村振兴和文化复兴开创一个标杆典范。

欢迎大家前往道真体验！要想身体好，多往道真跑！

道真：
道真傩戏面具人 "秦童"

要想身体好
多往道真跑

贵州道真·全域森林康养城市

重庆 → 道真, 开车90分钟

超级符号

华与华对超级符号的定义为：一切产品的任何价值都可以通过符号来表达。超级符号是对购买理由的放大，它来源于文化母体，和购买理由一起实现品牌寄生。

品牌是一种商业思想，但首先是一种文化现象。文化母体就是蕴藏在人类文化里的"原力"，是隐藏在人类大脑深处的集体潜意识，潜藏着巨大的购买力。

占据文化母体的关键就是占据母体符号，例如微信红包一夜爆红，它是如何做到的？首先它叫作红包，占领了词语；然后它占住了红包符号，把它的产品用红包的形式包装起来，这样就占住了一个春节发红包的仪式。

华与华的超级符号就是寻找母体符号，并将其私有化改造，实现为品牌赋能，壮大品牌。

道真项目组从道真的城市文化母体中挖掘到了傩戏面具，把它私有化改造成"道真之眼"和"秦童"，将其寄生于道真品牌，成了道真专属的超级符号。这一套超级符号系统，一举引爆了道真城市品牌！这就是超级符号的威力！

华杉：营销和品牌入门理论

　　各位朋友，大家下午好！很高兴我们再一次相聚在这里，参加第九届华与华百万创意大奖赛。看完前面8个案例，接下来就到了我的年度演讲环节。

　　现在在中国，感觉如果你没有一个年度演讲，你都不好意思说自己是一个商业导师，而且每年演讲都要准备一些新观点、新金句。但我的年度演讲就不同，因为我每年都讲一样的东西，所以去年听过我演讲的人，今天就相当于把我去年讲的重新听一遍，但重新听一遍，你也会有更深的认识。

可能有的人不喜欢听老生常谈，包括我们有些客户也一样，曾经还有客户专门提醒我说："华板华板，你每次见我们老板说的都是一样的话，但是我们老板喜欢听新东西，如果你每次都这样，他就不喜欢。"我说："不喜欢也没办法，我也没有新的话，下次来我还是会说一样的话。"果然，这个客户合作两年就没合作了。

我们和葵花一共合作了15年，其间为什么有几次"离婚"呢？其实他们可能也是有点烦我了，后来他们都说："哎呀，那个华总一来又要讲他的儿童药了。"听见没，这儿童药都成了我的了。后来隔了两年，他们又想听华板讲儿童药了，所以就又回来了。

今天我想给大家强调的第一点就是，我们平时听课都想听新东西，这就好像以前的老东西，我们都学会了似的。其实就没有会过，很多人就是在不断听新东西，但什么都没有学会。

所以这次的年度演讲，我就想给大家讲讲营销和品牌的入门理论，另外还有个加餐内容是品牌标识及平面设计的入门理论。

听到"入门"两个字，有人可能就要说了，你这不是在侮辱我们吗？在座的都是专业人士，你居然说我们没有入门？其实，在一个行业干了一辈子，都没入门，这不是一个罕见现象，而是普遍现象。我们生活在一个充斥着谬误的世界，我们比的就是谁犯的错更少。

所以，门要进对，不要进错。所有的东西，并不是好坏的区别，而是会跟不会的区别。你能够入对门你就能少犯错，大家都在犯错的时候，你少犯错，你不就能获得成功吗？

我特别喜欢郭德纲，他有时候说的话真有很大的智慧。比如他说："我们这行倒霉就倒霉在这，大家觉得有嘴就能说。但实际上我们这行挺坑人，你干别的行业，台阶一蹬一蹬，要上去才能到他们那个门，我们这个门在平地，打开门你进来了才发现，台阶在屋里面。"这不就是同我们做营销和设计一样吗?

郭德纲还说："相声这东西，没有什么谁比谁说得好，只有会跟不会。"我们这一行也是这样，很多人认为他的策划创意只是做得不够好，他不知道自己根本就不会，没入门。

√我们这行倒霉就倒霉在这，大家觉得有嘴就能说。

√相声这东西，没有什么谁比谁说得好，只有会跟不会。

√我们这行挺坑人，你干别的行业，台阶一蹬一蹬，要上去才能到他们那个门，我们这个门在平地，打开门你进来了才发现，台阶在屋里面。

——郭德纲

西湖大学号称要建造中国最好的大学，但是很遗憾，大学还没建，做的第一件事就是征集校徽标志设计，而且最高奖金就给1万块钱，这个价格也就是说他觉得这是谁都能画一下的东西。

画个标志好歹还需要点艺术细胞，如果想个广告语呢，大家觉得是个人都能想。所以在我们这行里就分不清到底谁会谁不会，也分不清谁入门了谁还没入门。

我今天就来给大家讲讲怎么入门，以及怎么才能入得了正确的门。怎么讲入门呢？我先要给大家讲讲华与华的三个依据：第一是依据理论；第二是依据逻辑；第三是依据成果物。

1. 华与华三个依据

（1）依据理论

第一是依据理论。我说任何领域都有且应该只有一个理论，但现在我们说的营销理论却有很多，后面我也会给大家讲目前有哪些营销理论，并告诉你哪一个才是正确的。我们一定要找到那个正确的理论，否则你怎么入门？

可能你没有理论也能成功，没有哪个企业家是先学了理论，然后把企业做成的，但没有理论就不能保持不败。成功可能是一招鲜，吃遍天，但如果你想保持基业长青，那你就一定得按理论来。另外，有了理论也不一定就能成功，因为理论只能帮你查对错误，并不能引向正确答案。

所有理论都是对信息的简化和图示化处理，所以理论一般都会总结为一个模型图，而信息简化就是说你要关注一些信息，同时也要排除一些信息，因为你不可能同时处理所有的信息。

在简化信息的过程中，人性都有一个弱点，就是倾向于把事物过分简化，而过分简化必然成为谬误。所以伪理论和真理论的区别就是，伪理论是"有这么回事"，真理论是"全部就是这回事"。

依据理论

· 任何领域有且应该只有一个理论。

· 我们要找到正确的理论。

· 没有理论也能成功，但是不能保持不败。

· 有理论也不一定能成功，因为理论只能帮你查对错误，并不能引向正确答案。

・所有理论都是对信息的简化和图示化处理，但是如果没有做到完全穷尽和相互独立而过分简化，必然成为谬误。

・伪理论和真理论的区别："有这么回事"和"全部就是这回事"。

（2）依据逻辑

第二是要依据逻辑。什么叫讲逻辑？康德给了个标准，他说："每一个概念都有清晰的定义和范畴，依靠严密的逻辑推进，而不允许有任何大胆的跳跃。"

但是非常遗憾，我们中国传统文化中，就是对概念不下明确定义，也不讲明逻辑，随时都在跳跃，这是我们的文化习惯。用荣格的集体潜意识来说，我们整个文化的集体潜意识都是不下明确定义、不讲明逻辑和随意跳跃的，包括《论语》《孟子》《大学》《中庸》，都是这样的书。

比如"孝"是孔子思想的基本概念，但他从来没有给"孝"下一个定义，并且他认为就不应该下定义。每一个人问他，他都是根据问的人身上的毛病，针对性地给出个性化的回答。

这就跟中医开药一样，叫作"因病发药，辨证施治"，是根据个人的症状一人一策，每个人都不一样。也正是因为这样的文化和习惯，我们也诞生了一种说法，就是说中文博大精深。

什么叫博大精深？就是你怎么理解都可以。怎么理解都可以，它就没有逻辑也没有边界，而且还随意地跳跃。

我们的文化还倾向于微言大义和打比方，德国哲学家黑格尔曾经评价过中国传统思想，他说这种微言大义和打比方，不是思想，反而是思想的软弱无力，因为你说不清你才打个比方。由于我们是成长在这种环境中，所以我们要特别注意讲逻辑，要建立起逻辑的概念。

依据逻辑

· 讲逻辑。

· 自己都不知道是什么意思的词语，不要使用。

· 自己都不知道是什么意思的话，不要说。

· 每说一个词，一句话，都要问一下自己，我是否知道自己在说什么？

· 要对"不言自明"高度警惕，又要高度敏感。不要滥用不言自明，又要找到不言自明。

讲逻辑，就要讲到两个基本的推理方法，一个是演绎推理，另一个是归纳推理。它们的区别是：演绎推理是从一个一般性的结论，推到一个特殊的结论；归纳推理，是由若干个性的现象，归纳出一个共性的结论。

往往在我们开会过程中，就会不自觉地运用一些不靠谱的演绎推理。我举个例子，之前有同事汇报方案，他一上来就说："我们单品作战没有优势，拼不过竞争对手，所以我们要以产品组合来进行市场竞争。"

这句话就是一个典型的三段论演绎推理。有些人听汇报就是听一下，然后就开始讨论这个产品组合行还是不行。我在听他汇报或看他做事的时候，就会严格注意他的逻辑问题。

"拼单品我们拼不过竞争对手"，这是他给我的第一个结论，这个结论成不成立我并不知道，因为他没有给我任何论证的过程。但是他这一句话里暗含了一个三段论演绎推理：

大前提：如果单品竞争拼不过对手，产品组合竞争就能取胜；

小前提：我们单品竞争拼不过对手；

结论：我们应该以产品组合竞争。

在这个典型的演绎推理中，大前提、小前提都不成立，结论也就没有意义。

演绎推理：往往就是个坑。

· 演绎推理是从一般到特殊的推理。

· 演绎推理是前提蕴含结论的推理。

· 演绎推理是前提和结论之间具有必然联系的推理。

· 演绎推理就是前提与结论之间具有充分条件或充分必要条件联系的必然性推理。

归纳推理：从个别性知识推出一般性结论。

· 归纳推理的思维进程是从个别到一般，而演绎推理的思维进程不是从个别到一般，是一个必然得出的思维进程。

· 演绎推理不要求前提必须真实，归纳推理则要求前提必须真实。

· 演绎推理的结论没有超出前提所断定的知识范围。归纳推理除了完全归纳推理，结论都超出了前提所断定的知识范围。

· 演绎推理的前提与结论间的联系是必然的，也就是说，前提真实，推理形式正确，结论就必然是真实的。归纳推理除了完全归纳推理前提与结论间的联系是必然的外，前提和结论间的联系都是或然的，也就是说，前提真实，推理形式也正确，但不能必然推出真实的结论。

这类的讨论在大家开会的时候，会经常出现。甚至在我们平常能接触到的所谓的理论中，我们也能看到这种惊人的逻辑漏洞，却很少有人能发现。

我经常在公司讲，你说的每个词你一定要知道是什么意思，很多人自己说的词自己都不知道是什么意思。包括我们很多人天天挂在嘴上的品牌、营销，有多少人真的去想过品牌、营销是什么意思？当你都不知道你说的词是什么意思，这就成了胡扯。

我们必须学会"贵言"，如果我的话很金贵，那我就不能随便说；你不知道的话就不要随便说，说多了就没人会信你了，这就是狼来了的故事。你不懂的东西却天天说，这就像你天天张嘴闭嘴都在喊"狼来了"，等你的狼真正放出来的时候，人家就不信了。

我们每说一个词，一句话，都要先问一下自己：我是否知道自己在说什么？我也经常批评很多人有4个不知道，我们大概率都处在4个不知道的状态：

· 做之前，不知道自己要做什么。
· 做之中，不知道自己在做什么。
· 做之后，不知道自己做了什么。
· 不知道自己不知道。

不行的方案，你还拿去给老板汇报，不就是因为你不知道它不行吗？这个不行的东西是怎么做出来的？是因为做之前你不知道自己要做什么，做之中不知道自己在做什么，做了之后也不知道自己做了什么，最后也还不知道自己不知道，还拿去给老板汇报。

我们一定要保持知道的状态，就从每一次说话的用词开始。同时，我们要对"不言自明"高度警惕，又要高度敏感，不要滥用不言自明，又要找到不言自明。

有些东西确实是不言自明、没法论证的，整个科学界都是从不言自明开始的，找到一个不言自明的事物，然后开始逻辑推理，进行论证，最后产生科学。不要滥用就是说，你不要随意演绎，不要随便跳跃，你不能给我一个结论，而不展示你的论证过程，一定要讲逻辑。

（3）依据成果物

第三个叫作依据成果物。我们做任何事情，都是为了有一个成果。要有成果，我们就要先定义成果物，先搞清楚最后这件事的成果物到底是什么，这就是成果物思维。

我经常举一个例子，我们开一个新闻发布会或产品发布会，它的成果物是什么？新闻发布会的成果物就是那个新闻标题，发布会就是对外发布信息，那你就要把这个标题写出来，然后让所有记者都按照这个标题去发布，你才能达到传播的效果。不能说发布会搞得很好，然后大家各自去撰写新闻标题，这样的传播效果就弱了。

有人可能会觉得照片比标题更重要，那是你不明白，一张图片是无法传播的。传播是一种口语现象，是一种听觉现象。美国广告代理商协会研究发现，人们获取信息，大概有82%的信息来自视觉，所以他们认为图像是第一。

我就一直怀疑这个结论，后来我找到了一个依据，他所指的信息是指第一手信息，但是我们接收的大部分信息都是第二手信息，都是道听途说，是听来的，所以标题能够被播传，而照片不行。

我们在做华与华500万品牌5年管理大奖赛的时候，我们就讨论成果物，讨论我们的标题是什么。有人说叫"营销界的诺贝尔奖"，我没有同意。

这又是一个哲学问题，维特根斯坦说"如果一个解释，需要另外一个解释去解释它，那么这个解释就悬在了半空，不如直接用那句解释的话"。所以最后我们定为"华与华颁出500万奖金，奖励持续合作5年以上的品牌案例"，因为我要传播的成果物，首先得要人记住"华与华"，然后再记住"500万"，最好还能记住"5年"。

当我们做事之前定义了成果物，然后按成果物以终为始，那么最终我们就能得到成果物。我们做一个营销策划或品牌策划，它的成果物到底是什么？我们怎么样能必然得到想要的成果物？接下来就进入我们的正题。

2. 营销入门理论

一切学科都是历史学，我们梳理了过去70年中的27个营销理论。营销这个领域，从1953年开始就有理论。

尼尔·鲍顿在1953年提出了市场营销组合理论，他的核心概念是："市场需求在某种程度上受到'营销变量（营销要素）'等影响，为了实现既定的市场营销目标，企业需要将这些要素进行有效的组合，共划分为12个：产品设计、定价、品牌、分销渠道、人员销售、广告、促销、包装、展示、服务、实物触感以及实际调查和分析。"

年代	时间	提出者	理论	核心概念	提出背景
20世纪50年代	1953年	尼尔·鲍顿	市场营销组合	市场需求在某种程度上受到"营销变量（营销要素）"等影响，为了实现既定的市场营销目标，企业需要将这些要素进行有效的组合，**共划分为 12 个：产品设计、定价、品牌、分销渠道、人员销售、广告、促销、包装、展示、服务、实物触感及实际调查和分析**	第二次世界大战结束后，产品市场由卖方市场转化为买方市场，企业营销思想和营销战略出现新发展，逐渐以消费者为中心。
	20世纪50年代初	罗瑟·瑞夫斯	USP	销售必须向受众陈述产品的**卖点**，同时这个卖点必须是独特的，能够带来销量的。	
	1955年	西德尼·莱维	品牌形象	人们习惯性地着眼于影响品牌形象的各种因素，来产生对品牌形象的认识。	
	1956年	温德尔·史密斯	市场细分	按照消费者欲望与需求把因规模过大导致企业难以服务的总体市场划分成若干具有共同特征的子市场。	
	1957年	约翰·麦克金特里克	市场营销观念	强调"以顾客为中心"，顾客是企业营销活动的起点和终点。	
	1959年	艾贝·肖克曼	营销审计	对公司环境、目标、战略、行动的综合的、系统的、独立的和周期性的考察，以确定问题和机遇。	

USP（Unique Selling Proposition）独特销售主张

　　这是对营销非常正确的一个认识，这就是良知，生而知之，一眼就知道。但是后来良知被蒙上灰尘污垢，需要擦干净找回来，就是王阳明所说的"致良知"。什么叫致良知？因为良知被蒙上了灰尘，我们要把灰尘擦掉，再回到良知，就是致良知。其实所有的理论发展都是这样的过程。

　　为什么宋儒张载讲他使命的时候，有一句叫作"为往圣继绝学"？因为往圣的绝学本来就在那里，但是随着时间的推移，它就被后面的发展蒙上了一层一层的灰尘。

　　20世纪50年代初，罗瑟·瑞夫斯又提出了新的营销理论，叫作"USP"：销售必须向受众陈述产品的卖点，同时这个卖点必须是独特的，能够带来销量的。

　　这个理论就属于我前面说的"有这么回事"，但不是营销的全部。独特的销售主张的成果物是什么？其实就是那句广告语，广告语的确也是营销的核心，所以他说的是对的。我们不能说独特的销售主张没有用，它很有用，但是它没有保障性，你用它可能行，也可能不行。

　　在USP之后，又有人提出了品牌形象、市场细分和营销审计等理

年代	时间	提出者	理论	核心概念	提出背景
20世纪50年代	1960年	杰罗姆·麦卡锡	4P	企业的市场营销活动应以产品、价格、地点或渠道、推广为主要内容。	20世纪五六十年代的时候，美国经济出现了一个黄金时代。而经济的活跃，刺激了市场营销理论和学术的发展。
	1960年	西奥多·莱维特	营销近视症	企业在拟定策略时，过于迷恋自己的产品，多数组织不适当地把注意力放在产品上或技术上，而不是市场上，不太关心产品在市场是否受欢迎，不关注市场需求变化，过于重视生产，从而忽略行销。	
	1963年	威廉·莱泽	生活方式理论	各种生活方式是洞察形形色色消费者的切入点。	
	1967年	约翰·霍华德 杰克逊·西斯	买方行为理论	将文化因素列为影响消费者购买行为的因素之首。	
	1969年	西德尼·莱维 菲利普·科特勒	扩大的营销概念	营销学不仅适用于产品和服务，也适用于组织、人、地方和意识形态。	

论，这都只是在讨论营销工作的不同角度而已。到了1960年，杰罗姆·麦卡锡把尼尔·鲍顿提出的市场营销组合，归纳为四个方面，就是产品、价格、渠道和推广，这就是我们现在说的营销4P理论。

我认为这就完成了营销理论的构建，营销理论在这个地方止于至善了。我们说理论要相互独立且能完全穷尽，4P就是把营销的事完全穷尽了。你能不能说出一件有关营销的事情，说它既不是产品，也不是价格，也不是渠道，也不是推广？你肯定说不出来。

那么当我们要解决一个营销问题的时候，也只有这四个变量可以调整，要么调整产品，要么调整价格，要么调整渠道，要么调整推广。

当我们要制订一个营销方案的时候，我们的成果物也就是这四个，要么是产品的方案，要么是价格的方案，要么是渠道的方案，要么是推广的方案，没有第五个。所以后面这几十年虽然还有那么多新的营销理论出现，但最终都是又回到4P上去了。

王阳明说做学问不能有胜心，其说本以完备，非要另立一说以胜之。在4P之后，就有不服气的说要加个5P——Package。包装的概念是不是跟产品的概念重叠了？其实也跟推广的概念重叠。华与华做的产品包装设计，就是把包装作为最重要的推广工具。

年代	时间	提出者	理论	核心概念	提出背景
20世纪80年代	1981年	克里斯琴·格罗鲁斯	内部营销	培养员工对顾客的服务意识，在把产品和服务通过营销活动推向外部市场之前，应先将其对内部员工进行营销。	市场环境尚处于由卖方市场向买方市场的转变阶段，市场营销活动被看作企业产品或服务由生产向消费者转移的一个环节，将目光从外部营销转向内部营销也成为了一种新的视角。
	1981年	布姆斯、比特纳	7P	属于服务营销的发展，在4P的基础上增加了三个"服务性的P"。三个"服务性的P"即：人、过程、有形展示。	科学技术进步，社会生产力显著提高，产业升级和生产专业化发展日益加速，市场转向买方市场，消费者需求层次也相应提高，并向多样化方向拓展。服务作为一种营销组合要素引起了人们的重视。
	1986年	菲利普·科特勒	6P（大市场营销）	在原4P组合的基础上增加了两个P——权力和公共关系。	20世纪80年代以来，世界经济走向滞缓发展，市场竞争日益激烈，政治和社会因素对市场营销的影响和制约越来越大。营销中越来越看重企业外部不可控因素的作用。
	1986年	菲利普·科特勒	10P	在大市场营销的基础上增加战略上的4P——探查、分割、优先、市场定位。	20世纪80年代，市场交换环境发生很大变化，市场供过于求，有效需求不足，市场竞争激烈，需要长期的战略营销计划做指导。
	1986年	菲利普·科特勒	11P	10P+人（People）。	

5P之后，又有人加了1P，People，说没人不行。就这样一路加到11P，甚至有人觉得你们在P上加来加去没意思，他们又提出了4C、4R、4V。

在1972年，艾·里斯和杰克·特劳特提出了所谓的"定位"理论。我认为在过去的20年里，有两个对中国营销界影响最大，也是破坏最大的理论，第一个是定位，第二个是整合营销传播。

《定位》大家都很熟悉，我为什么说它是错的呢？首先它的立论前提就是完全错误的，这本书的立论前提是基于顾客导向的时代过去了，现在是竞争导向的时代；然后说产品同质化的时代到来了，所以我们只能争夺消费者的心智。这是它的两个立论前提，但都是错的。

我们的市场永远都是顾客导向的时代，没有竞争导向的时代。竞争是一种幻觉，同行是一种假设，我们所做的一切永远都是为了服务顾客。

诺基亚被苹果打败了，不是苹果把它打败的，而是苹果自己有了新的产品，诺基亚的产品就被淘汰了。从这里我们也可以看到，永远没有产品同质化的时代，永远都会有新的产品出现。

包括我们今天看到的华为手机、vivo手机、小米手机有没有同质化？根本没有同质化，事实上你很难找到同质化的产品。作为咨询公司，华与华的服务跟其他咨询公司也是完全不同的。

真正困难的反而是什么呢？我们真正的困难，在于我们自己做不到自己的产品标准化。华与华为什么要搞百万创意大奖赛？为的就是挑出我们做得最好的那个产品。如果我们都能做到标准化，每个案子都能像蜜雪冰城那样成功，我们就不用办这个比赛了。

所以有些东西，听上去好像很有道理，但事实上，它是经不起任何推敲的。在《定位》这本书里面，大家最容易被绕进去，被偷换概念的逻辑是什么？

说第一个登上月球的人是谁？是阿姆斯特朗，大家都记得，那第二个是谁？没人知道，所以必须成为第一。说卖得最多的一本书是什么？是《圣经》。第二是哪本？没人知道，所以必须成为第一。

同志们，这个有逻辑吗？这其实跟我们平时做的事，是没有任何一点关系的。它这里也暗含了一个三段论：大前提是人们只知道第一，不知道第二；小前提是我们必须让人们知道我们；结论是我们必须成为第一。

然后它又说了，成为第一的条件是什么。是要投入足够的传播资源。这里又是一个三段论的推理：大前提是要想成为第一，就要投入足够的传播资源；小前提是我们要成为第一，因为刚才说了你不成为

定位隐藏的逻辑（演绎推理）
竞争导向只是一小部分，顾客导向才是永恒
产品同质化时代根本不存在

大前提：人们只知道第一，不知道第二
小前提：我们必须让人们知道我们
结　论：我们必须成为第一

然　而：大前提是错的

大前提：要想成为第一，就要投入足够的传播资源
小前提：我们要成为第一
结　论：我们必须投入足够的传播资源
行　动：砸大广告

然　而：大前提是错的
1."足够的传播资源"不存在
2.投入传播资源也不等于砸广告

第一，都没人知道你；结论是我们必须投入足够的传播资源，落实为行动就是砸大广告。

然而这个大前提也是错的，足够的传播资源是不存在的，足够的传播资源就是无限量地投广告。如果可以无限量地投广告，也不用去定位，也不用超级符号，什么都不用做，因为你有足够的钱，去把别人都挤掉。

而且投入足够的传播资源也不等于砸广告，比如蜜雪冰城歌曲的火爆，它是卷入了足够的传播资源，但是它一分钱的广告都没有投。

由于接受了这样一个错误的理论，就形成了一个很奇怪的现象，这个现象经常出现在华与华业务洽谈的会议室。很多来访客户都会问："找华与华做策划，你们要求配多少广告？"

我们就感到奇怪，我们做策划跟投多少广告有什么关系呢？他们就说跟其他咨询公司谈，咨询公司就要求每年配1.5亿元的广告，如果两年还没打起来，咨询公司就替他们融资，然后接着打。

那我就想问，如果五年、十年都还没打起来呢？这就像有些人在澳门赌钱的心态，前面输掉了没关系，继续Double下注接着玩，最后肯定都能全都赢回来。

为什么这样荒谬的东西还有这么多人信呢？就像马克·吐温说的那句话："让人们相信他们被骗了，这要比骗他们还难。"世人听骗不听劝，人性的弱点就是存侥幸心理，只要有人说这样行，那他就愿意相信。

第二个"毒害"比较大的是唐·舒尔茨的《整合营销传播》，他的本质是以4C为核心。

在《整合营销传播》那本书里，唐·舒尔茨连用了四个"忘掉体"：第一是忘掉产品，要考虑消费者的需要和欲望；第二是忘掉价格，要考虑消费者为满足需要而愿意支付多少；第三是忘掉渠道，要考虑如何让消费者方便；第四是忘掉促销，要考虑如何和消费者进行双向沟通。

大家有没有发现，"定位"和"整合营销传播"这两个理论都非常极端。定位要求忘掉顾客，要考虑的是竞争，要大家争夺消费者的心智，然后还写了一本书叫《商战》，开始把商业比作打仗了。

而整合营销传播，一下子又走到消费者导向，除了消费者，其他的你全都得忘掉。但是事实上，我们的营销是一个复杂的体系，它有很多的参与方，你忘掉了任何一方，你都会受到惩罚。

从过去这些营销理论来看，我认为只有站在4P的理论框架里，你才能够去完整地解决一个营销问题。那怎么解决呢？

首先我们从市场营销的定义来讲起，讲任何概念都要先讲清楚它的定义。1960年美国市场营销协会对营销下了一个定义：

市场营销是引导货物和劳务，从生产者流转到达消费者或用户所进行的一切企业活动。

这是什么？这就是我刚才说的良知。任何一个领域，其实在一开始的时候，人们看它看得都是很清楚的，因为那个事儿本来就不复杂。

到了1985年，美国市场营销协会进一步对市场营销的定义进行了更新：

市场营销是个人和组织对理念（或主意、计策）、货物、劳务的构思、定价、促销和分销的计划与执行过程，以创造达到个人和组织的目标的交换。

这实际上就是对1960年的定义进行了补充，增加了理念（或主意、计策）的概念，像我们华与华就是卖计策的。

我觉得1985年对于市场营销的定义，就是止于至善了。但是事与愿违，到了2004年协会就把它改了，为什么改了？我估计是协会换会长了，上一代人把他们的活儿干了，新任会长总想干点儿啥，然后就琢磨改定义：

营销既是一种组织职能，也是为了组织自身及利益相关者的利益而创造、传播、传递客户价值，管理客户关系的一系列过程。

我们说没有任何一个定义说"既是，也是"，这都不符合下定义的规矩，定义一定是说它是什么。所以2004年版定义不值一评。

2013年，美国市场营销协会最权威的、最新的市场营销定义是说：市场营销是为客户、合作伙伴和社会提供具有创造、沟通、传递和交换价值的产品的系列活动、职能及过程的总和。

大家看，从这个定义里面你能学到什么吗？它已经把一切都说没了，对吗？这个定义造成的影响还很大，那段时间到处都能听见有人在讲创造价值、沟通价值、传递价值、交换价值。但是呢，它没有任何用，因为你不知道具体怎么做。

所以华与华有话说，我们要让理论少走弯路。营销理论止于至善，就是4P。理论帮助你正确地思考和做事，帮助你检查错误，特别是堵塞一切错误的源泉。没有任何理论能保证你成功，能包你成功的，只有骗子。

所以在华与华，我都要求我们要诚实透明、货真价实、日日不断、滴水穿石，用时间的积累去获得成功，不要一下子就想怎样。甚至对于客户合作，我们都要求客户能接受咨询费打水漂了，我们才开始合作。没有任何的侥幸心理，那我们才可以踏踏实实地做事。

营销4P的组合，就完全符合理论的要求，做到了完全穷尽、相互独立，每一个概念都有清晰的定义，依靠逻辑推进，中间没有任何大胆的跳跃。

我在中欧上战略课的时候，我们的吕鸿德教授说："我们下任何一个定义都要分为两个定义，一个是概念性的定义，另一个是操作性的定义。"

概念性的定义，就是它是什么。操作性的定义，就是它怎么做。那么对营销来说，它的概念性定义，我认为就是要回归1985年，而操作性的定义就是营销4P组合，营销4P组合就是告诉我们怎么操作的。

4P营销组合＝1P＋3P

4P营销组合＝1P＋3P，1P驱动3P，可以分四种情况：产品驱动、价格驱动、渠道驱动和推广驱动，这就是四个营销模式。

（1）产品驱动，先定产品，再定价格、渠道、推广。

比如乔布斯推出苹果手机，他首先构思了这个产品，研发出了触摸屏的智能手机。然后他再制定了它的价格，渠道自己玩，推广上也有他的发布会和广告。

而小米在进入手机市场时是怎么做的？它是先定了价格，因为价格是它进入这个市场的前提，也正因为乔布斯的极高定价，才给后来的小米、华为、vivo、OPPO等机会。如果乔布斯把iPhone的价格定到2000元人民币、3000元人民币，那后面的这些手机厂商可能都不会出现了。

（2）价格驱动，先定价格，再定产品、渠道、推广。

小米先定了价格，然后再定的渠道。小米最开始的时候还没有线下渠道，都是在网上订。为什么小米能够做起来？曾经还有说为小米"发烧"的"发烧友"，其实哪里有什么发烧友，都是为性价比而生。

再比如华住集团的酒店，华住是一个典型的先定价格，再定产品、渠道和推广的例子，或者说它先根据渠道定的产品。

现在也经常能看到的一个现象，一座大厦，一个大门进去，左边是汉庭，右边是全季，对面还有个桔子酒店，华住就是在一个街区分价格，在同一个街道布局了若干个同一个集团不同品牌的酒店。

补充说一下，今天白天案例比赛时，四只猫项目组说，宝洁发明了产品经理制，四只猫发明了社交媒体账号经理制。当我看到华住在一个街道，一个十字路口以不同品牌实现全价格带覆盖的时候，我就想，华住会不会发明"街道经理制"？因为按"街道办"管理似乎效率最高。

为了准备这个演讲，我特意打电话询问华住CEO金辉，他说刚刚完成改革，定位差距不是特别大的品牌，就是按街道管理。这也是4P联动之后，影响到组织架构设计的一个案例。

（3）渠道驱动，先定渠道，再定产品、价格、推广。

对于我们的厨邦花生油这个产品，营销就是先定渠道。厨邦是做酱油的，为什么要做花生油？目的是满足渠道商的需求，酱油经销商来我们这儿进货，一般酱油也装不满一车，所以我们做的花生油，经销商会配货。花生油厨邦卖得不多，但也能做几个亿，也有盈利。

包括我们的客户爱好文具，他虽然是做笔的，但是他也有作业本，这还是在为他的渠道经销商配货。而且现在的渠道品牌更加厉害了，比如屈臣氏就有它自己的矿泉水、气泡水，这完全就是渠道品牌，是先定渠道，再定产品、价格、推广。当渠道强大之后，他们就有极大的冲动去做自己的渠道品牌，这都是我们现在面临的新的竞争格局。

（4）推广驱动，先定推广，再定产品、价格、渠道。

冰喉30分钟这个案例我也经常说，它就是先定的推广方案。由于克刻做了很多年的咳嗽药，也打了很多的广告，那我觉得我们有机会用很低的成本去做成功一个喉糖品牌，然后也确实做成了。

所以，4P营销组合，就是1P驱动3P。那么，对于这4P，我们应该怎么来认识它？

（1）产品就是购买理由

第一，什么是产品？其实在1985年美国市场营销协会的定义里，已经说得很清楚了——"个人和组织对理念（或主意、计策）、货物和劳务的构思"。其实产品是一个构思，那你构思的时候你在想什么呢？

你想的是我要怎么把它卖出去，那别人为什么会买东西呢？实际上就是因为一个购买理由，所以产品就是购买理由的封装，产品开发就是开发购买理由。

产品就是购买理由
产品就是购买理由的封装，
产品开发就是开发购买理由
4C：忘掉产品，考虑消费者的需要和欲望

而《整合营销传播》中说要忘掉产品，考虑消费者的需要和欲望，这就大错特错了。消费者根本不知道自己需要什么样的产品，就像我们做咨询的，要给客户需要的，而不是他想要的。

洽洽每日坚果最早的时候叫缤纷果仁，缤纷果仁就卖不出去，后来改叫每日坚果，每日坚果不就是一种购买理由吗？给人感觉这是我每天需要补充的。

但是这个产品光有这个名字，还不够明确。和华与华合作后，我们进一步在包装上把里面有什么东西全部都列出来，然后用"掌握关键保鲜技术"，完成了购买理由的封装，所以这就起来了。

产品就是购买理由的封装，产品开发就是开发购买理由

我们再用华与华本身来举例，华与华有什么产品？大家一说华与华，都能想到超级符号。超级符号是我们的产品，但并不是我们封装交付的产品。我们封装交付的产品，实际上是一个年度战略营销品牌咨询服务的合同。

这个产品的销售，也可以说是成功的。但是我发现了一个问题，事实上大家来参加华与华的百万创意大奖赛，就会发现其实华与华的客户也很难理解华与华，或者说华与华的客户在来之前，其实不知道华与华能给他做什么，至少不知道我们还有那么多的服务内容。

大家熟知的就是超级符号这个大创意，所以也导致有些客户把超级符号拿到手之后，就觉得满载而归，从而满意而去。

我希望我们的客户能在这里留一辈子，而不是合作一两年就走了。那我怎么样能够把客户留下来呢？我就需要重新封装一个产品，叫"华与华品牌5年计划"。

2021年7月，我们公司的年中战略会的任务，就是开发"华与华品牌5年计划"这个产品。开发它的成果物定义，就是先做出一个三折页，然后我会出版一本《华与华品牌5年计划》的书。我们还做了

	第1年	第2-3年	第4-5年
重心	**超级符号 持续改善**	**营销日历管理**	**企业社会责任 社会公民品牌**
产品	模块1: 超级符号及品牌三角形 模块2: 元媒体开发及品牌接触点管理 模块3: 持续改善 模块4: 年度传播策略及广告创意	模块5: 营销日历 模块6: 内部路演及营销教练 模块7: 企业战略洞察	模块8: 产品结构及新产品开发 模块9: 公关及公益战略
目的	1. 创意超级符号与品牌谚语,传达品牌核心价值,建立品牌资产。 2. 开发元媒体系统,降低传播成本,加速购买决策,提升销售效率。 3. 通过持续改善,加快流量转化,获得用户增长和销售额增加。	1. 建立营销日历,对内、外形成品牌生物钟,积累出固定的营销节拍,实现生产力和品牌文化领先。 2. 通过内部路演及营销教练,打通战略设计到落地执行,降低内部沟通成本。 3. 重新想象企业战略蓝图,绘制企业战略路线图。	1. 提出可行性新产品开发方案,提升产品开发成功率。 2. 梳理产品结构。每一个产品的角色任务和推出次序,提升企业资源配置和营销投资的效率。 3. 成为行业首席知识官,成为社会公器,为品牌积德,为企业定心。

华与华500万品牌5年管理大奖赛,来推广我们的品牌5年计划。这样,我就完成了"华与华品牌5年计划"这个产品的封装。

通过这个产品,原来只跟我签一年的客户,即使只有20%签了5年,我的销售也就可以翻一倍。所以产品并不是客户的需求,产品开发不是要考虑消费者的需求,而是要考虑我的需要。

在考虑产品的同时也在考虑我这个产品要用什么样的方式去推广,所以营销首先跟竞争对手关系不大,然后也不是以顾客为中心,我能做什么,我就卖什么,不是去想顾客要什么,你再做什么。

同样的东西,可能因为不同的购买理由,而成为不同的产品。比如褪黑素,它是针对失眠的,做成脑白金,它就是针对送礼的。物质上是一样的，但是购买理由不同，它的包装和推广的形式就不同。

那同样的东西呢，也可能因为不同的渠道和购买理由，而封装为不同的产品。在鲜啤30公里这个案例上，我们就把同一个产品，做出了6个业态。

（2）定价是分利：价格是三个利益分配

关于定价，现在也有很多定价的方法，但没有一个说到了本质。定价的本质是什么？是利益分配。具体来说是三个利益分配：第一是分给顾客；第二是分给上下游和产业链；第三是和竞争对手进行分配。

听到这里你可能会感觉很奇怪，为什么还要把利润分给竞争对手？因为如果你的定价定得太高，就等于是把钱分给竞争对手，能听明白这个道理吗？所以我看到有人定高价的时候，我就特别高兴。

《整合营销传播》里说，要忘掉价格，要考虑消费者为满足需求而愿意支付多少。这就大错特错，价格很大程度上根本就不是消费者的事，是整个产业链所有参与方的事。营销其实就两件事：一是让消费者向厂商买，二是让销售者替厂商卖。

华与华

定价是分利：
价格是三个利益分配

与顾客的利益分配
与上下游和产业链的利益分配（行业利润池）
与竞争对手的利益分配
4C：忘掉价格，考虑消费者为满足需求而愿意支付多少

二十几年前，有一个人说现在的药太贵了，他要做一个一元感冒药。这个消息还有很多媒体给他报道，炒得很热。

当时我一个做药的客户就说："一元感冒药我都不知道谁替他卖，流通环节的成本谁来支付？"没有人能替你卖，你就必须自己去卖，等你自己去卖，你就会发现100块钱的成本都不够。最后你会发现不让经销商和中间商赚差价，还真就不行。

包括我们讲的苹果手机，苹果的定价就没有把利益分给顾客，而且它还自建渠道，所以也没有分利益给渠道。而小米就把钱分给顾客，由于分给顾客，性价比就高了，那么小米就成功了。而OPPO和vivo是把钱分给了渠道，这就是三个不同的模式。

在华与华，我对我们的定价还是比较得意的。首先，我们是把钱分给了顾客，因为我们的价格对大企业来说，就是一个完全不需要考虑的价钱，对小企业来说拼一拼也是够得着的价格，所以我们真的是货真价实。

同时我又把钱分了员工，我一直说对华与华威胁最大的，就是华与华的合伙人们。因为如果他们出去创业的话，那不就是我辛辛苦苦教他们20年，一觉醒来我就回到解放前了嘛。

那为什么这么多年他们都没有出去创业呢？因为我把他们喂得肥啊，我把钱分给他们。当我们把钱分给顾客和员工，就实现了华与华的经营稳定。

如果我们给顾客定价很高，给合伙人和员工分得又少，那就会产生巨大的落差。如果收客户2000万元一年，然后只给合伙人20万元一年，他就会去跟客户说我300万元给你做嘛，客户一想差这么多，可以试试。那如果说只收客户600万元一年，然后合伙人一年也能分到几百万元，那他出去自立门户就觉得没意思了。

我在分配上面就非常地"狡猾"，不仅对他们在利益上进行分配，而且还在物质享受上进行"腐化"。让他们出差住五星级酒店，飞机要坐头等舱，每次搞活动也都在香格里拉。这样一来，等他们想创业的时候，即便是有点儿机会，他们也已经吃不了那个苦了。

所以呢，我们历来主张奋斗，但从来不搞艰苦奋斗。因为如果让他们习惯了艰苦，那他们创业的成本就太低了，我们就要让他们舒服地欲仙欲死，再也不想创业了。我们不仅要把合伙人喂肥，也要把他们手下的人喂肥。这样他们走的时候他们也拉不走人，反而下面的人就期盼着他们赶紧走，好占他们的位置。

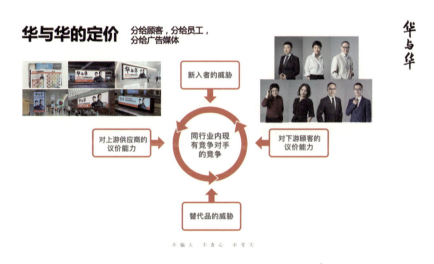

然后我们又把利润分给广告商，今年华与华的广告费就超过了3000万元。由于我们有这样独特的分配方案，所以我有充分的自信，我们不仅能做到第一，而且我们的规模还能达到第二加第十的总和，这才对得起我们高超的定价艺术。

蜜雪冰城的定价，就是分给顾客和加盟商，它自己拿的其实很薄，它是用大规模的效率，实现了比不分钱的企业挣得还多。老干妈也是这样的企业，老干妈的利润比纸还薄，但别人谁也挤不进去。

蜜雪冰城的定价：分给顾客

蜜雪冰城使命
让品牌更强大，让伙伴更富有
让全球每个人享受高质平价的美味

所以，定价的核心是你要有定价权。如果你的产品有别人没有的东西，那天生的就有定价权。如果没有独一无二的产品，那么就要找到你的定价哲学。关于定价权，我有三个哲学分享给大家：

- **相对好，绝对便宜。** 比如恒大、碧桂园。
- **绝对好，相对便宜。** 比如华与华、丰田汽车。
- **绝对好，绝对贵。** 比如深圳湾1号、劳斯莱斯、爱马仕、新荣记等。

我之前也分享过一个以价格为主要信号，来进行推广的案例。我们在2008年做了"一个北京城，四个孔雀城"的案例，在这个案例上，我首创了一个新的推广方式，就是在房地产广告上打上价格表，把价格由高到低排列在第一栏。

买的人就可以先看价钱，再摸一下兜里有多少钱，然后再去找房子。这个方式，就实现了超高的营销效率，因为我们把消费者看广告购买的决策效率，一下子放大到了极致。

同样，从价格看渠道，不同的定价就有不同的渠道。同样是维生素，普通的维生素就走药房渠道，如果是黄金搭档就走大卖场，如果是安利纽崔莱就走直销渠道。

（3）渠道是企业"体制外，结构内"的组织共同体

说到渠道，我们反复强调过一点，就是不要把渠道简单地看成分销，也不要把它看成一个利益共同体，你一定要把它看作一个组织，渠道是企业"体制外，结构内"的组织共同体。

《整合营销传播》中说要忘掉渠道，考虑如何让消费者方便，渠道跟消费者有关系吗？渠道是你根据你的产品选择的销售模式，不是消费者选择的购买模式。

渠道是一个组织行为学

有成员，有领导，有成绩，有制度，有激励，有奖惩，有目标，有仪式，有组织生活

①有资源禀赋　　②有价值贡献　　③有利益诉求　　④有发展需要

从组织行为学的角度去看渠道，就是格物致知

华与华就是把渠道看成一个组织，属于组织行为学。一个组织就有成员，有领导，有成绩，有制度，有激励，有奖惩，有目标，有仪式等。

我要特别强调的是组织就要有组织生活，其实我们这个百万创意大奖赛，也是华与华的一个组织生活，因为有组织生活才能把大家联结在一起。如果你能从组织行为学的角度去看渠道，你就真正做到了格物致知。

在华与华过去的客户里，有两个是渠道做得特别棒的，一个是晨光文具，另一个是绝味鸭脖。

晨光文具是真正把企业的老板，做成了整个渠道组织的领袖，而且真是一副菩萨心肠般地去帮助这些渠道商成长。晨光的渠道组织完全是由企业来领导的，而绝味鸭脖则是帮助他们建成了一个加盟商自治管理组织，里面还有民主选举换届，这些都是非常了不起的渠道

案例。

华与华在给客户服务的过程中，也特别重视客户加盟商或者渠道商的组织管理，帮助他们建立组织生活和组织活动。

有些客户跟渠道商十几年都没有见过面，但做生意怎么能不见面呢？华莱士也有一万多家门店，在服务华莱士的过程中，我们有个非常重要的工作，就是我们每一季的营销方案都要去做飞行路演，也就是到各个地方去给加盟商做内部路演。

而且这个路演都很盛大、很有仪式感。这样大家才能感觉到组织的力量，而这个力量会灌输到他的心里，成为整个渠道的士气和能量。

我们怎么从渠道这1P来看产品、价格和推广呢？同样的产品肯定是要针对不同的渠道，来开发不同的产品了。比如一包薯片在大卖场卖的规格可能是425g的家庭分享装，而在超市、便利店的可能是70g的，在电商渠道可能就是大礼包组合装。

（4）推广就是整个品牌传播

推广的英文是Promotion，"Promotion"这个词往往被译为促销，由于有这样的翻译，给我们中国人的感觉就是打折、搞活动。但

Promotion实际上并不是打折、搞活动，它就是推广的意思，推而广之。在华与华，我们把推广看成整个的品牌传播。

这里同样要批判《整合营销传播》，它说要忘掉促销，要考虑如何同消费者进行双向沟通。大家想一想，我们要不要和消费者进行双向沟通？

这又是个学术问题，传播学的诞生是从做宣传开始的。拉斯韦尔的奠基之作，叫作《世界大战中的宣传技巧》，就是研究第一次世界大战中的战争宣传，由此诞生了传播学。

后面的人觉得宣传有点政治意味，广告人也觉得大众传播太low，然后就说要变成沟通。沟通之后，再后面的人又觉得沟通也太low了，要互动沟通，要双向沟通，要精准地一对一沟通。这样就把这个学问越描越黑。

对于理论呢，还是老的好。在推广中，我还是愿意做宣传，方式越简单越好，最好就简单到刷个标语。华与华最成功的宣传案例之一，就是"爱干净，住汉庭"，因为我们就刷了个标语，其他什么广告都没做。

和顾客进行双向沟通有可能吗？为什么我们要去跟顾客互动？如果他来了，买了就走，不是很好吗？开餐厅，讲究的就是翻台率，如果要进行双向沟通，进行互动，那翻台率就必定垮下来。

我们要的就是买完就走，无人售货更好。中国有十几亿人，哪里存在什么双向沟通呢？

所以推广是什么？我们说推广就是整个的品牌传播，是把品牌纳入我们营销的理论里来了，这也就进入品牌入门理论的内容。

3. 品牌入门理论

前面讲任何一个定义，我们都要看它的概念性定义和操作性定义。对品牌来说，它的概念性定义有以下几种，具体我就不读了，大家可以看图。

品牌理论发展阶段的划分

品牌理论的发展阶段及代表性成果		
基本阶段	子阶段	代表性成果
理论提出阶段 （20世纪50年代以前）	早期品牌实践与品牌思想阶段 （20世纪20年代以前）	标记、商标和品牌广告思想出现
	品牌理论产生的萌芽阶段 （20世纪20年代至40年代）	品牌经理制和品牌管理系统诞生
理论发展阶段 （20世纪50年代至90年代）	古典品牌理论阶段 （20世纪50年代至80年代初）	品牌概念诞生;品牌研究的学术论文发表;独特销售主张理论诞生(20世纪50年代)
		品牌概念进一步发展;品牌生命周期理论、品牌形象理论、品牌个性理论诞生(20世纪60年代)
		品牌定位理论、品牌延伸思想诞生(20世纪70年代)
		品牌延伸理论、品牌权益思想诞生(20世纪80年代)
	现代品牌理论阶段 （20世纪80年代末至90年代中期）	品牌权益(资产、价值)理论、品牌权益(资产、价值)管理理论、品牌权益(资产、价值)管理运作模型诞生
当代品牌理论阶段 （20世纪90年代中后期至今）	品牌关系和品牌力理论、品牌塑造方法、战略性品牌管理理论、范畴性品牌理论及其他新兴品牌思想诞生	

以上这些说法，你也不能说错，但是按照我们的理论思维、逻辑思维和成果物思维来看，按照上面的说法，那我们做品牌的成果物是什么呢？我们要怎么做呢？它们都没有给出答案。

还是用康德说的那句话来说："如果我要构建批判哲学的大厦，当我把这个大厦构建完成的时候，我要说有关批判哲学的一切都在这个大厦里面了，没有遗漏一件在外面，这个大厦外面的任何东西，没有一件是与批判哲学有关的，这就是完全穷尽。然后在这栋大厦里面，还要划分房间，每一个概念之间没有相互重叠，这就是相互独立。最后对没有解决的问题加以说明，这样才能说我完成了这个理论的构建。"

用这个标准来看所有的营销理论，也只有4P理论满足全部条件。在我做咨询工作的20年里，我一直想找到一个像4P一样的品牌理论，可惜没有。包括我们可以在上面关于品牌概念性定义中看到几个关键词：区别、辨认、象征、心中。

错误的起源关键词：区别、辨认、象征、心中

▶ 美国市场营销协会（AMA）在1960年出版的《营销术语词典》中把"品牌"定义为：用以识别一个或一群产品，或者劳务的名称、术语、象征、记号或设计及其组合，以和其他竞争者的产品或劳务相**区别**。

▶ 以菲利普·科特勒为代表的传统营销理论认为品牌是"一种名称、术语、标记、符号或设计，或是它们的组合运用"，目的是"借以**辨认**某个销售商或某群销售者的产品或服务，并使之同竞争对手的产品和服务区分开来"；品牌的要点是"销售者向购买者长期提供的一组特定的特点、利益和服务"。

▶ 品牌形象理论的代表人物——大卫·奥格威认为，品牌是一种错综复杂的**象征**，它是品牌的属性、名称、包装、价格、历史、声誉、广告风格的无形组合。

▶ 品牌战略管理专家凯文·凯勒指出，品牌的力量存在于消费者**心中**，构建起在消费者心目中强烈、独特、美好的品牌知识（消费者对品牌认知的总和，包括产品知识、视觉形象、购买体验、品牌联想等），进而使消费者对品牌发起的营销动作产生积极响应，从而达成持续销售、兑现品牌溢价、实现品牌可持续发展等目标，是开展品牌管理的核心动机和终极目的。

这是前人在思考品牌问题上采用的关键词，其实恰恰是这些关键词才导致了后面没人要真正建立起完整的品牌理论。营销领域已经有了合格理论，而品牌领域还没有。直到2022年12月16日，在上海静安香格里拉才出现。接下来我就要发布华与华的品牌理论。

还是那句话，讲定义就要讲概念性定义和操作性定义。我们要怎么定义品牌？很简单，我觉得《新华字典》中对品牌的定义，比前面所有的定义都要清楚。

《新华字典》中说：品牌就是产品的牌子，有时特指著名产品的牌子。这样说我们每个人是不是都能达成共识了？不管是专业的还是非专业的，他都能理解的产品的牌子，就是品牌。

那什么是品牌的操作性定义？我们要具体怎么操作品牌？问怎么做之前，我们要先问做这件事的目的是什么，有了做什么，才知道怎么做。

华与华是一个很看重哲学思维的公司，讲目的就要讲亚里士多德目的哲学：目的性概念和必然性概念。只有知道了事物的原理，知道它的目的是什么，你才知道该怎么去做，必然能达到这个目的。叔本华也说："目的性有双重的性质，一面是内在的，一面是外在的。"

亚里士多德目的哲学：
目的性概念&必然性概念

研究的首要主题，那最主要的知识，乃是对目的的认识；而目的是每一种事物的善，而一般说来，是整个自然中的至善。目的就是美、善，是"第一性的东西"。所有的东西都是以某一种方式安排好的，按照普遍的规律、思想、理性行事，才是最优越的，因为每一事物的原理就是它的本性。——亚里士多德《物理学》

经验的东西，在它的综合里面被把握时，就是思辨的概念。在自然的理念里面，主要有两个规定：一、目的性概念；二、必然性概念。

——康德《判断力批判》

做企业也是这样，企业自身的目的是要盈利，要生产，要发展，但它也必须满足外在的目的，就是解决某个社会问题，降低社会的交易成本。同样，做品牌也有内外两个目的。

品牌的外在目的就是满足社会监督的目的，其本质是消费者的权益保障。我们建立品牌的目的，就是方便顾客和社会监督我们，把我们一切的工作都置于顾客和社会的监督之下。

经济学是用博弈论来解释品牌，说："品牌是企业为了给消费者提供惩罚自己的机会，而创造的一种博弈机制。你在风景区买东西就是一次博弈，所以经常被宰，因为他们也不指望你下次再来。而在社区店吃饭，他们一般不会宰我们，如果宰我们，我们就不再去这个店了，因为这个地方是多次博弈。而如果是终身博弈的企业，它更不会了，它的追求是终身服务，希望你每次都来。"

这样的机制，是为了顾客，为了社会，也是为了我们自己，顾客

外在目的：社会监督目的

- 本质是消费者的权益保障，是消费者保护目的和社会监督目的。
- 我们建立品牌，是为了方便顾客和社会监督我们，把我们的一切工作置于顾客和社会监督之下。
- 如果我们做了对不起顾客和社会的事儿，我们行不更名，坐不改姓，我们就在这里，接受处罚，付出代价。
- 如此，我们得到继续服务的机会。
- 这样的机制，是为了顾客，为了社会，也是为了我们自己，顾客在监督我们，也是在帮助我们自己监督自己，及时发现和改正错误，及时释放风险，让我们免于毁灭。
- 闻过则喜，发自内心，符合利益。

在监督我们，也是在帮助我们自己监督自己，及时发现和改正错误，及时释放风险，让我们免于毁灭。有人说一个食品安全问题被曝光，可能会搞死一个企业，那麦当劳、肯德基都被曝光了那么多次，为什么没有死？

因为消费者不是傻子，如果说肯德基出了问题，他不会说再也不去肯德基了，他会认为就连肯德基都这样，其他的就更不能去了。

海底捞就一直在官网，对自己的食品安全问题进行曝光。只是因为官网的浏览量不多，消费者也没太注意。我也一直建议我们要主动曝光问题，你能越主动，那带来的危害会越小。

品牌的内在目的就是我们经营的目的，这也是我经常讲的11条内容。

知道了目的，我们就知道了怎么做。比如要让人买我们的产品，需要什么？就需要让人知道我们，如果他都不知道我们，他怎么买我们的产品呢？知道的人越多，买的人就越多。

这样我们就能解释那个"恒源祥，羊羊羊"的成功了。虽然这个广告也没提供购买理由，可能这个广告的转化率也很低，如果别人的广告的转换率是10%，恒源祥可能只有1%，但是由于它这个广告的成

内在目的：企业经营目的

① 让人买我们的商品
② 买的人很多→就要知道的人多
③ 一次买更多
④ 重复购买
⑤ 重复买的频次更高
⑥ 愿意多花一点钱买
⑦ 不仅自己买，还推荐别人买
⑧ 不管我卖什么，他都买
⑨ 一直买，终身买
⑩ 临终前留下遗嘱，嘱咐子子孙孙接着买
⑪ 品牌偶尔出了点差错，也能原谅，照买不误

不骗人　不贪心　不争大

功，它的知名度能是你的1000倍。所以即使它的转换率是你的1/10，但它的总销量还是你的100倍。

不仅自己买，还要推荐别人买。那我们就要设计，购买者怎么替我们推荐。这就是为什么华与华在做广告语的时候，不是我说一句话给他听，而是我设计一句话让他去传给别人听。只要是他不会传的话，我们就一定不用。

不管我卖什么，他都买。这是不是就解决了所谓单品牌和多品牌战略的问题？我们肯定是尽量做单品牌，否则我还得投入资源，建立起第二个品牌的认知。

所以，掌握了品牌经营的目的之后，华与华就建立了3个品牌入门理论，分别是品牌三角形理论、品牌资产理论和品牌文化理论。

品牌的操作性定义

华与华

基于目的性概念和必然性概念，按逻辑和成果物定义，华与华建立如下品牌入门理论：

一、品牌三角形理论　　二、品牌资产理论　　三、品牌文化理论

（1）品牌三角形理论

首先是华与华品牌三角形理论，这个内容大家已经很熟悉了。我们说品牌就是产品的牌子，那肯定要有产品，有产品是不是就要有名字，名字就属于品牌的话语体系，然后还要有品牌标志、产品包装或者产品造型，那这属于品牌的符号系统。

华与华品牌三角形

华与华

事业理论
产品科学
品牌文化
企业文化
企业故事

话语体系
符号系统
意识
潜意识
物质
产品结构

物质决定意识
意识对物质有能动作用
传播上运用人类的集体潜意识

产品结构、话语体系和符号系统，构成品牌的三个基本面，也就是华与华品牌三角形模型的三条边。

这是不是也符合康德说的建立理论的标准？没有任何一件和品牌有关的事情，在这三角形之外；在这品牌三角形之内，也没有任何一件事和品牌无关。你能说出一件品牌的事情，说它既不是产品，也不是话语，还不是符号吗？说不出来。

做品牌，首先必须有产品，你的品牌到底涵盖哪些产品，然后从你产品的命名开始，就进入了话语体系。

比如宝马汽车，它的产品命名分为3系、5系、7系、X系、i系，它的品牌主张是驾驶的乐趣，这些就构成了它的产品结构和话语体系。宝马的标志是它的符号，宝马车的产品外观，特别是它的前脸造型也是宝马独特的符号，所有能被感知的，就是它的符号系统。

在品牌三角形里，我们把话语体系这一块放大了，我们把企业的事业理论、产品科学、品牌文化、企业文化和企业故事，全部纳入品牌的话语体系中。

华与华品牌三角形，我们还可以从哲学的层面来看。产品不管是物理意义上的还是服务类的，它都是物质层面的，话语体系就是意识层面的，物质决定意识，意识对物质有能动作用。而超级符号，就是运用人类的集体潜意识。

你们可以想想，我们在操作一个品牌的时候是不是就是这样的。我们在做鲜啤30公里的时候，是不是物质决定意识，然后意识对物质有能动作用，它们相互作用之后，就形成了全新的六个业态。

对符号系统来说，我们是用一个高速公路路牌和酒杯的形象，来构建了我们的符号系统。这是在做什么？我们是在运用人类的潜意识，产生熟悉感，让他更容易记住我们。所以在这个三角形里面就又包含了意识、物质和潜意识。

大家认为品牌是唯物主义的，还是唯心主义的？从物质看意识就是唯物，从意识看物质就是唯心。对品牌来说，当然是唯心主义的，因为是企业家先有了个想法。

比如乔布斯看到有触摸屏的技术，他有了个想法，可以用触摸屏改造手机，这掀起了智能手机的革命。是他把这个想法说出来，然后才有了苹果手机。

所以是企业家先有了个想法，然后变成话语说出来，再落实为行动，最后成为产品。那消费者呢，消费者是通过我们的符号系统，来感知我们的品牌和产品的价值。

那通过思想、行动和感知，这里又可以有一个新的三角形，是企业家、产品和顾客。所以华与华品牌三角形，它既是话语体系、产品结构和符号系统的三角形，也是意识、物质和潜意识的三角形，还是企业家、产品和顾客的三角形。

基于企业家、产品和顾客的三角形，我也想以这个为基础，建立起企业理论和企业家理论。建立这个理论的目的，就是希望在我们的公共政策上，为企业和企业家赢得一个公平公正的待遇。

总有人说："你要守企业社会责任。"好像我们尽的责任比他少似的。企业家尽的社会责任，起码比一般人不知道多了多少。但是为什么社会舆论对企业和企业家，都不太友好呢？

我觉得这个就要靠理论、靠哲学来解决。在我看来，企业家就是造物主，用词语造物，用符号吸引顾客。黄总说要做精酿啤酒，于是就有了鲜啤30公里。

企业家是造物主
用词语造物 用符号吸引顾客

说到符号，就不得不说符号学，有两个人同时奠定了符号学基础，一个是索绪尔，另一个是皮尔斯，华与华是属于皮尔斯派的。皮尔斯有一个"皮尔斯符号学三角体"，由符号载体、解释项和对象三个元素组成。

当我说太阳，这就是一个符号，而它所指的对象就是天上的那个太阳，但是它召唤到你的脑海里面的，是关于太阳的一切解释项，包括阳光、光辉、能量等，所有有关太阳的解释项，就像一列火车一样呼啸而来，因为这些都存在于你的意识里。

如果把华与华品牌三角形，对应到"皮尔斯符号学三角体"，符号系统的对象，就是我们的产品结构，它的解释项就是我们的话语体系。

前面也提到，我们是把品牌管理的权能和品牌部、市场部的权力都放大了。德鲁克有一句话："在企业的内部只有成本，企业的一切成果都在企业的外部。"

我套用这句话说：企业内部是经营活动，企业外部一切为大众所知道的所有信息，全部都是品牌。这就包含了企业的事业理论、产品科学、品牌文化、企业文化和企业故事。

什么叫事业理论？这个词我是借用了德鲁克的词，但说法不太一样。我是用事业理论的字面意思来理解，都说企业要解决某个社会问题，那你用什么样的理论来解决这个问题，那这就是你的事业理论。

比如华与华要解决的社会问题是让企业少走弯路，那我们的事业理论就是华与华方法和超级符号理论。

企业文化，我也讲过多次。按企业文化强弱分，公司分两种。第一种，是企业文化比较弱的，这种企业文化的半径到达不了全公司，只有中间那一小层、那一小群人是受这个文化影响的。

越往层级低一些的，或越往外面的，文化就越来越弱。不是公司所有人都在企业文化半径之内，这就是传说中的"进了班子，没进圈子"，就是你已经在组织里了，但其实你在企业文化半径之外，这是第一种情况。

第二种，是那些企业文化好的公司，它们的企业文化不仅覆盖了全公司，而且能够向外发散、影响社会。

比如华为的企业文化、海底捞的企业文化，它们的企业文化半径就超出了公司范围，影响到了全社会。如果走访过几家华与华的客户，你会发现好像走到了好多家华与华一样。因为我们都进入了同一个企业文化圈，大家都欣赏我们的文化，愿意接受这个文化，那这就成为我和我的顾客之间的联系。

企业故事就是企业的历史，企业的历史就构成了这个品牌。像华与华、华与华兄弟，我们所做的一切，其实都构成我们的品牌。当我把这个话语体系提到这样的高度之后，你就会发现企业的品牌部、市场部变得非常重要，都要成为企业里的上层建筑了。

以上这些就是华与华品牌三角形的内容，可以说品牌三角形是一切成功品牌管理的成果物。

我们每年的工作，就是不断地回头来画这个品牌三角形，看看今

▲　四只猫咖啡品牌三角形

年产品结构新增了什么，话语体系新增了什么，符号系统又增加了什么，通过品牌三角形，我们就能够很清晰地看到，我到底做到了哪些，下一步还要做哪些。

▲　SKG品牌三角形

▲　鲜啤30公里品牌三角形

（2）品牌标识及平面设计入门理论

讲品牌标识设计，第一句话就要讲摒弃VIS思想，建立品牌符号系统理论。设计入门，首先必须清扫垃圾，必须把VIS思想扫干净，如果这个不扫干净，大家还是不会做。

前面讲到过品牌理论错误的起源是因为"区别""辨认""象征""心中"这四个关键词。"VIS"这个词也一样，有90%或者说95%以上的企业标志设计，都是来添乱的，是起副作用的。为什么这么说？

因为绝大多数的企业标志都是画一个没有意义的符号，跟品牌没多少关联，这就等于没有。画了之后，也等于给受众增加了一个任务，不仅要记住企业的名字，也要记住这个毫不相关的标志，最后还要再记住这个名字和这个标志是一家的，这不就是添乱吗？

导致这个现象的，就是VIS中的"I"，词语就是召唤，词语就是思想，VIS中的"I"是Identity，意思是身份识别，识别就是基于我跟别人不一样，这导致人们误以为做品牌是为了区隔，要做差异化。

但是识别并不是最终目的，我们做标志设计的目的不是识别，而是销售，是发送信号，谋求受众的行为反射——购买和播传。所以我们要建立的是视觉符号系统，应该叫VSS，中间的"S"，是"sign"，或者说是"symbol"，是视觉信号系统，是在向受众发信号。

在我们标志设计里，也有三个概念：一个是识别，一个是图腾，一个是信号。品牌的英文单词"Brand"源出古挪威文Brandr，意为"烧灼、烙印"，最初来源于人们用烧红的烙铁在自己的这些家畜和财产上烙上自己的标志，从而和别人的同类物品区分开来。

这是"品牌"这个词的起源，这就是一个历史性的错误，导致人

超级符号是取代VIS的新思想、新体系

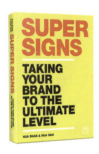

VIS
Visual Identity System

VSS 视觉符号系统
Visual Sign System

IDENTITY
个性、与众不同

SIGNS
熟悉、共性、卷入

们一讲到品牌就要讲区别和识别，而所有设计理论，也都是从区别和识别讲起。那么有了区别和识别之后，人性的特点就是要不断地把它拔高，拔高了之后就进入图腾崇拜。

这就是图腾，每个民族，每个国家都有它的图腾。比如我们中国的图腾就是龙，印第安人的部落图腾是鹰。图腾从原始人开始就有，到现在也一直没有离开我们。大家搞团建，第一步就是分组，然后起队名，画队旗，这不就是图腾嘛。包括世界杯，大家可以看到各个球迷都在身上贴了图腾。

团建时组队图腾：队旗

那么问题来了，图腾是内部的还是外部的？答案肯定是内部的。其实图腾是你自己看的，是自我崇拜，别人看到就不会那么激动。

就像可口可乐或者苹果这样的品牌，也没有哪个顾客看见它的logo会热泪盈眶吧。自己公司员工看到公司logo能热泪盈眶的，就算很不错了。企业和消费者的关系其实是一种浅关系，不要自己给自己加戏，觉得消费者对你有很深的感情。

所以，识别和图腾都不是最重要的，重要的是信号，因为只有信号才能给消费者带来行为反射。

两千年前，酒馆就在门口挂一个大大的"酒"字，路过的人就知道你是卖酒的，因为你对他发送了这样的信号。这个"酒"字，其实比店家的名字重要，因为它是路人更需要的信号。"借问酒家何处有，牧童遥指杏花村。"牧童指的也是那个酒旗，而不是那个牌匾。

美国广告代理商协会，有个调查说70%的购买是在购买现场做出的。这个购买现场，不管它是实体的卖场，还是手机上虚拟的卖场，购买都是在购买现场做出的，并不是奔你那个品牌去的。

购买行为就是一个信号刺激反射行为，刺激信号的能量越强，则反射越大，我们要研究的关键是信号。所以在信号、图腾和识别这三大要素里面，信号才是第一性的。

拿蜜雪冰城的例子来说，和我们合作之前，蜜雪的门店带着一种浓浓的性冷淡风，很多人都喜欢用灰底白字，认为这样显得高级。和华与华合作之后呢，就被贴满了海报，甚至连台阶都不放过。我们这样做的目的，就是发信号告诉所有人，这里有奶茶和冰淇淋，快来买！

　　蜜雪冰城以前的logo，也是一个抽象的标志，没有信号和信息。现在的标志是一个举着冰淇淋权杖的雪人，就跟挂一个"酒"字一样，是告诉人们这里是卖什么的。

　　后来有一天，我们张总拿了张图给我说："华板你看，90年代我刚创业的时候就是这么做的，跟你一样。现在过了20年，从你这里我又学会了。"

　　我一看，我说："不一样，不一样，你比我做的还好，你的信号能量多强啊。上面写着"冰淇淋、果汁，还是一块钱，再免费加冰"，海报上还写着1块、3块的，下面再重复一遍："冰淇淋、果汁，还是一块钱，再免费加冰!! 物价飞涨，省钱才是王道!! 饮品多多，好味才是主流!!""

　　很多企业的成功都是良知良能，一开始做得都很好，后来请了所谓的专业人士帮忙，反而开始倒退。华与华做的所有设计，都是把识别、图腾和信号进行三合一整体设计。

识别是为了记忆，让你下次还能找到我，图腾主要是内部崇拜，信号才是真正驱动消费者购买的因素。

信号第一！

产品信号高于品牌识别。
品类识别高于品牌识别。
图腾是顺带的结果，只有在超级奢侈品上，才因成为身份信号而居于首要地位——也是信号，是另一个意义上的信号。

所以做设计，永远要信号第一，而且要做到产品信号高于品牌识别，品类识别高于品牌识别。图腾只是顺带的结果，只有在超级奢侈品上，才因成为身份信号而居于首要地位，这其实也是信号，是另一个意义上的信号。

那在这里，我也正式提出华与华的品牌标识及平面设计的公式：

超级符号＝80%信号＋20%识别

在蜜雪冰城雪王的设计过程中，我就反复强调要一个最普通的雪人，一定不要画一个独特的雪人。我们只在这个普通的雪人上做20%的改造。这也是华楠提出的理论，对传统符号进行小的改造，达到私有化的目的即可。所谓私有化就是我能注册就行了。

这个理论也可以解释很多市场上的现象，比如我最推崇的但大家经常批判的椰树牌椰汁的包装设计，你说它难看，但是它的信号能量最强、最明确，而且购买理由最充分，所以它成功了。

经常有人说，为什么华与华那些平淡无奇的创意，总能大获成功？这是因为我们总是"先求同，再存异"，我们一定是使用大家司空见惯的标准符号，然后再做20%的差异化识别。

有人可能会问，20%的差异化就够了吗？那大家知道，人和猪的基因，相差多少吗？人和猪的基因，刚好就是相差20%。

人和猪的基因有80%都是一样的，只有20%的差别。大家看20%的区别就可以带来这么大的差别，这就是超级符号设计和VIS设计的差别。

（3）品牌资产理论

华与华和浙江传媒学院合作成立超级符号研究所，我们也推出了我们的第一个成果《超级符号理论与实例》这一教材。

在这期间，浙江传媒学院的徐卫华老师和刘佳佳老师，也去研究了关于品牌资产的理论，他们统计出一共有600种关于品牌资产的理论。

品牌资产的权威理论

华与华

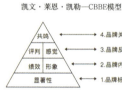

品牌资产的权威理论

品牌资产的权威理论

华与华

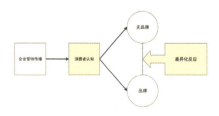

凯文·莱恩·凯勒：品牌形成的差异化反应

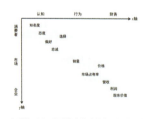

奥利弗·罗：品牌资产各种维度之间的关系

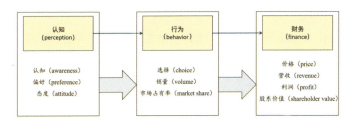

品牌资产的权威理论

华与华

认知 (perception)	行为 (behavior)	财务 (finance)
认知 (awareness) 偏好 (preference) 态度 (attitude)	选择 (choice) 销量 (volume) 市场占有率 (market share)	价格 (price) 营收 (revenue) 利润 (profit) 股东价值 (shareholder value)

奥利弗·罗：品牌资产三类维度之间的连锁效应

这些理论都有一个共同点，就是它们既没有概念性的定义，也没有操作性的定义。你不敢说它没用，但是你放哪儿也用不上；你也不敢说它是错的，但是学了你也不知道怎么做。

所以，我们今天还得解决品牌资产理论问题。大家最喜欢说"消费者心智"这个短语，认为品牌活在消费者心里。那请问，心在哪里？觅心不可得，我们找不到心在哪里，也不知道别人心里想的是什么。

要知道心里想的是什么，就要他说出来；要他说出来，你还不能去问他，凡是你问的，他可能都答非所问。而我们真正要的是没人去问的时候，消费者主动跟别人说的话。

所以品牌是活在大众的嘴上。注意！不是心中，是嘴上；不是消费者，而是大众，是包含男、女、老、幼的所有人。

华与华方法是消费者行为学和大众传播学，我们不是针对目标消费来做传播。我说过无数次，如果劳斯莱斯只指针对目标消费者进行传播，如果只有目标消费者知道劳斯莱斯，那就没人买劳斯莱斯了。

由此，华与华给品牌资产下了一个定义：品牌资产是给企业带来效益的大众口语报道，也就是人们相互谈论品牌时的原话（声音场）。所以你一定不能去问，你只能在旁边"偷"听，或者去网上查，去找到他们的原话。前一阵我从海底捞那儿学了一个词，叫声音场，我觉得品牌资产就是品牌的声音场。

那为什么要带来效益呢？因为它是资产，如果不能带来效益，就是不良资产或是负资产。企业找顾客要两个效益：一是买我产品，二是传我美名。

华与华找我们的客户要两个效益：第一，买华与华的服务；第二，见谁都说华与华好，快去找华与华做策划。那要人买我产品，就要有购买理由；要人传我美名，是不是就要有一句让人去传播的话？这就要求我们要有可以供他人识别、记忆、谈说的词语、符号或故事。

那品牌资产的这个操作性定义是什么呢？在我们和浙江传媒学院合作的书里，写的还是从寻找消费者原话，到规划消费者原话，然后形成消费者的口语报道。这句话现在改了，是形成大众的口语报道。

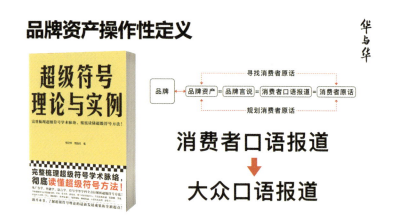

所以品牌资产就是品牌言说！是供大众识别、记忆、谈说的词语、符号或故事，是大众之间相互谈论品牌的原话，最后一定要落实到原话。

海德格尔说"语言是存在之家"。说得出来的才能播传，说不出来的就不能播传；说得出来的就存在，说不出来的就不存在。

这样一来，我们应该怎么来做品牌资产？首先，盘点一下现在有哪些资产？比如说西贝：

- "西贝莜面村"这个名字。
- "I ❤ 莜"。
- "闭着眼睛点，道道都好吃"。
- 牛大骨。
- 25分钟上齐一桌好菜。
- 红格子桌布。
- "亲个嘴，打个折"。
- "家有宝贝，就吃西贝"。
- 香椿莜面。
- 那达慕草原美食节。

西贝的品牌资产

（1）西贝莜面村	（2）I love 莜	（3）闭着眼睛点，道道都好吃	（4）牛大骨	（5）25分钟上齐一桌好菜

（6）红格子桌布	（7）亲嘴打折	（8）家有宝贝，就吃西贝	（9）香椿莜面	（10）那达慕草原美食节

其次，再规划未来我们还希望建立什么样的资产？对西贝来说，目前我们还有两个：

· 主食吃莜面，贾国龙推荐。莜面就是燕麦面，是健康主食，我们想把莜面做起来。

· 西贝外卖好。现在西贝的外卖能做到一年十几亿元，为什么不能做到30亿元呢？

所有的华与华方法，我们都先用到自己身上，华与华现有的品牌资产有哪些？

· "华与华"这个名字。

· 哥俩抱手的照片，所以我们哥俩永远不会分家，不然损失就太大了。

· 机场／航机杂志上有广告。

· 客户案例，现在一般人都能说出几个华与华的案例。

· 超级符号、华与华文库书籍，包括《超级符号就是超级创意》《华与华方法》等。

· 华杉讲透系列。

· 华与华百万创意大奖赛。

华与华的品牌资产

(1) 华与华   (2) 哥俩   (3) 机场/航机杂志上有广告   (4) ×××客户是他们做的

(5) 超级符号、华与华方法   (6) 华杉讲透系列   (7) 华与华百万创意大奖赛

以上这些，都是华与华用20年的时间建立起来的。品牌资产一定是很具体的东西，是能直接说出来的。对华与华来说，我们希望新增的资产有什么呢？

第一，"华与华品牌5年计划"，这是最重要也是最紧迫的，大家以后不要光说超级符号了，以后客户再向别人介绍华与华的时候，我希望他能加一句：一定要和华与华合作5年，谁不做满5年谁傻。这样一来，我的效益是不是就增加了？

第二，品牌出海。我们已经在新加坡设立海外公司，也在新加坡机场上了广告，那么我就希望别人会说华与华已经有海外服务的能力了，中国品牌全球化要找华与华。

第三，海外客户。海外品牌要进中国，也要找华与华。

第四，华与华艺术工作室。华与华超级符号不仅要做品牌营销中国第一，还要用超级符号的方法，走向全世界，获得国际声誉。

第五，华与华基金，投谁谁上市。

当你这样去考虑问题，你就能避免很多精神的迷雾，躲开那些让你犯错误的东西，就能真正把所有需要的都聚焦到你的效益上面来。

华与华新增品牌资产目标

（1）华与华品牌5年计划
持续服务客户5年以上：500万大奖

（2）品牌出海：华与华在新加坡设立海外公司，中国品牌全球化要找华与华
（3）海外客户：华与华是最懂中国市场的，进入中国市场要找华与华。
新加坡企业进入中国市场找华与华，政府有补贴

（4）华与华超级符号太厉害了，不仅做品牌营销
中国第一，还用超级符号的方法开了
华与华艺术工作室，一出手就打向全
世界，获得国际声誉

（5）华与华基金
投谁谁上市

（4）华与华品牌文化理论

最后，我要讲的是华与华的品牌文化理论。什么叫文化？《现代汉语词典》中解释说：文化是人类在社会历史发展过程中所创造的物质财富和精神财富的总和。

借助这个说法，我们把品牌定义为一套物质财富和精神财富的集合，品牌文化特指品牌创造的精神财富。

大家想一下，品牌是不是就是一套物质财富和精神财富的集合？在四只猫的案例中，一开始四只猫只是在做咖啡，这仅仅是物质财富，但我们用"云南咖啡好，认准四只猫"，然后在云南，开展高山咖啡采摘节，这是不是一下子就创造了精神财富，让这个品牌一下子就不一样了？

我们也把品牌分为两种：一种是有文化的品牌，另一种是没文化的品牌。

以茶饮行业为例，蜜雪冰城是不是代表了一种文化？喜茶是不是也代表一种文化？大家知道华与华对蜜雪冰城做的第一个贡献是什么吗？第一个贡献不是创意了雪王，而是彻底打消了蜜雪做高端品牌的念头。

　　合作之初，蜜雪跟我们讨论，说他们要做一个高端品牌，叫MIXUE Plus。为什么想做MIXUE Plus？还是因为文化不自信。那个时候喜茶如日中天，他们就觉得自卑，想做一个高端品牌。

　　我告诉大家没有什么low不low，谁成功了谁就高大上。现在还有人说因为他拿了一杯蜜雪冰城而觉得没面子吗？后来是谁不自信了？后来喜茶反而不自信了，对吧？

　　喜茶开始做喜小茶，这不就是当年蜜雪想搞MIXUE Plus同样的问题吗？但是没有一个人把他们拉住，结果喜小茶没做好之后，喜茶又开始开放加盟，这是不是不能坚持自己的文化？如果你要高高在上，你就坚持高高在上不好吗？做生意，你不能说什么钱你都想挣，你一定要坚持自己的文化。

　　海底捞之前被吐槽过度服务，说海底捞的服务都服务到厕所了，除了没给你把尿以外，其他的都给你服务上。海底捞的人听了之后，自己都有点受不了了，觉得自己的服务是不是有点过了，说是不是应该绅士一点？我说一定要有文化自信，我们就是热情的劳动人民，我们搞什么绅士淑女啊！

　　品牌文化是给社会创造精神财富的，对于品牌创造的精神财富，我们可以把它分为三类：情绪财富、人生财富和知识财富。

　　第一，情绪财富是品牌的第一财富，情绪财富就是创造愉悦。愉悦是说服的捷径，我们要努力为顾客创造愉悦的情绪。"西贝，I ❤ 莜""我爱北京天安门正南50公里""新东方，老师好""爱干净，住汉庭""你爱我我爱你，蜜雪冰城甜蜜蜜"等等，都是为顾客创造了愉悦的情绪财富，传播就是要愉悦至上。

"情绪财富"这个词，我是从管理心理学借用来的，管理心理学有个词叫"情绪资产"，说公司要有情绪资产，你公司的人都很开心，那效率就高。公司的人都很沮丧，效率肯定就低。

这也是《孙子兵法》里讲的"士气"，士气高跟士气低的战斗力比，可以高100倍。品牌也是一样的，如果你能够创造愉悦，你的能量就比不能创造愉悦的品牌高100倍。所以，品牌首先要创造情绪财富。

第二，品牌要创造人生财富。人生财富，是要融入人们的生活，成为他们生活中的一部分，甚至是人生的一部分。西贝亲嘴打折节、足力健重阳节活动、蜜雪冰城520领情侣证活动，还包括我们华与华的百万创意大奖赛，都为大家创造了人生财富。

蜜雪冰城520的活动视频，我看了就很得意，里面有对情侣说活动搞了4届，他俩就来了3次，而且以后每年都要来。人生的悲哀就是觉得结婚之后我们就不再是情侣了，这时候应该怎么办？每年都去蜜雪冰城领情侣证吧，我们为爱情保鲜。

还有学校开运动会，把雪王邀请去了。这就是蜜雪冰城的品牌文化，已经开始融入人们的生活中了。今年我说蜜雪应该搞堆雪人大赛，比赛堆雪王造型，进一步壮大母体。

2021年10月17日芜湖市一中秋季运动会召开。蜜雪冰城受邀参与开幕式表演，一中及周边门店带领雪王气模前往现场进行表演。
现场一阵欢呼，气势非凡。学生们用激情响亮的口号，雪王用热情用心的表演，给此次运动会增添了不一样的色彩。
同学为什么喜爱蜜雪冰城？因为这是他们的生活。这就是#华与华方法#，让品牌成为消费者生活的一部分，成为他们生活中的一个角色。

今年我还有个得意之作，就是做了西贝儿童识字菜单，让小朋友人生的第一次点菜，发生在西贝。然后这本菜单还可以带回去，这是不是从一开始就进入了他的人生？

第三，品牌要创造知识财富。所有行业都是咨询业，企业就是经营知识的机构，是为人类创造新知识的前沿。每个企业都应该成为行业的首席知识官、首席发言人和首席答疑人。

之前海天酱油遇到的那个风波，就是冤枉的，但也是因为他们平时没有把这些知识传播给社会，没有在这方面做贡献，所以海天酱油就没有掌握知识的话语权。

企业最重要的是知识，华与华为什么要开放我们的百万创意大奖赛？为什么每年要出那么多的书？甚至还要和浙江传媒学院合作，编写本科教材？我们所做的这一切，都是为了向全世界提供最权威的专业理论，同时我也是在给我们的下一代培养客户。让大家从学生时代，就开始学我们的方法和理论。

总结来看，对品牌和顾客来说，情绪财富是即时的关系，人生财富是一生的关系，而知识财富会扎根于人类社会。情绪财富是感化，人生财富是融化，知识财富是教化。

孟子说："大而化之之谓圣。"施教化，就是品牌的最高境界，这就是厚德载物。

大家也能看到，今天比赛的八大案例，其实它们的背后都是在做一件事情，就是厚德载物。大家都可以想一想，你有没有那么厚的

德，能不能承载这个事业？

今天，我为大家分享了营销的入门理论"4P"，4P＝1P＋3P，用1P驱动3P。然后是品牌入门理论，讲了华与华品牌三角形理论、品牌资产理论和品牌文化理论。

同时我也为大家加餐分享了华与华方法品牌标识及平面设计公式：超级符号＝80%信号＋20%识别。以上就是我2022年的年度演讲内容，谢谢大家！

附录二

2022第九届华与华百万创意大奖赛
现场回顾

2022年12月16日，第九届华与华百万创意大奖赛在上海静安香格里拉大酒店隆重举行。

第九届百万创意大奖赛中，鲜啤30公里、丰茂烤串、小葵花儿童药、新潮传媒、SKG、四只猫、天猫养车、道真八大项目同台竞演。经评委们仔细审议，董事长华杉最后决出了第九届华与华百万创意大奖赛的第一名、第二名和第三名。

▲ 2022第九届华与华百万创意大奖赛第一名（四只猫项目组）

▲ 2022第九届华与华百万创意大奖赛第二名（SKG项目组）

▲　2022第九届华与华百万创意大奖赛第三名（鲜啤30公里项目组）

▲　八大项目同台竞演 · 四只猫 · 何光灵

▲ 八大项目同台竞演 · SKG · 吴彩虹

▲ 八大项目同台竞演 · 鲜啤30公里 · 冯雨

▲　八大项目同台竞演 · 丰茂烤串 · 刘泽国

▲　八大项目同台竞演 · 小葵花儿童药 · 雷莉

▲　八大项目同台竞演　·　新潮传媒　·　方有华

▲　八大项目同台竞演　·　天猫养车　·　黄慧婷

▲   八大项目同台竞演 · 道真 · 夏鸣阳

▲   华杉发表主题演讲

特别鸣谢

自2015年起，华与华每年都会在本公司内部案例当中评选出年度百万创意大奖，第一名的案例，将获得100万元人民币的大奖。

有资格角逐百万大奖的案例必须满足三个标准：

1. 业绩第一，必须让客户的生意有明显的增长，对品牌有重大的提升。

2. 因果明确，有找到了真因，找到了战略重心，投入在决胜点上，一战而定的关键动作。

3. 推动行业进步。

华与华在公司内部建立起"超级创意"评选标准的同时，也希望这套评选标准能够成为行业的"超级创意"标准。

因此，2019年我们首次将百万创意大奖赛进行对外公开售票，并在同年启动了《华与华超级符号案例集》的汇编工作，呈现华与华方法是如何在不同领域用同一套创意标准来持续输出超级案例的。

自此，《华与华超级符号案例集》系列书籍的出版，已经成为华与华每年的重要事项之一。伴随着2022年12月第九届百万创意大奖赛的结束，我们也同步启动了《华与华超级符号案例集4》的编撰工作，本书对入围第九届百万创意大奖赛的八大案例进行了详细拆解，详尽地展示了成功案例的形成过程。

一年一届百万创意大奖赛，一年一本《华与华超级符号案例集》，我们将会秉持华与华滴水穿石的精神，年年不间断，将《华与华超级符号案例集》系列书籍持续出版下去，让华与华方法传递给更多有需要的人、有需要的企业，正心术，立正学，走正道。

在这里，感谢每一位为本书做出巨大贡献的伙伴（按本书案例顺序）：

四只猫项目组：孙楚天、简天舒、何光灵、单洋捷、LIM BORIM

SKG项目组：贺绩、吴彩虹、王川、王凡、张容芳、张斌麟、华玉翠、姚继盛

鲜啤30公里项目组：贺绩、冯雨、孙艳艳、沈明礼、杨婷婷

丰茂烤串项目组：孙艳峰、张懿、刘泽国、黄秋阳、张达

小葵花儿童药项目组：宋雅辉、雷莉、冯慧婷、刘亚萍、蔡天宝

新潮传媒项目组：许永智、方有华、王可、张少彬、郑玺岚、禹玉良、何睿

天猫养车项目组：陈俊、黄慧婷、杨红超、孙琳、李江海、黄紫双

道真项目组：华杉、肖征、颜艳、夏鸣阳、查胜利、李霞、黄娆、唐进红、杜娟娟

华与华商学：颜艳、夏晓燕、李瑶、冯臻、刘庆庆、孙佳琪

刘庆庆

华与华商学

华与华文库

○ 超级符号序列

《超级符号就是超级创意》
席卷中国市场20年的华与华战略营销创意方法

《超级符号原理》
只要人类还有眼睛和耳朵，还使用语言，
《超级符号原理》就能教你如何影响人的购买行为

《华与华使用说明书》
不投标！不比稿！
100%精力服务现有客户，长期坚持就会客如云来

《华与华正道》
走正道，很轻松，一生坚持必成功

《华与华方法》
企业经营少走弯路、少犯错误的九大原理

《华与华超级符号案例集》
同一个创意套路诞生上百个经典案例，
20年来不断颠覆中国各个行业

《华与华超级符号案例全史》
全面收录华与华20年来155个案例，无遗漏、无隐藏、
无秘密讲透如何用超级符号打造超级品牌！

《华与华文库之设计的目的》
品牌设计、门头设计、包装设计、广告设计、海报设计
都服务于同一目的，就是卖货！立刻卖！持续卖！一直卖！
这需要目标明确的系统性设计解决方案！

《华与华文库之包装设计的目的》
好的包装会自己销售自己，
详解华与华27个放上货架就大卖的经典包装设计

○ 国学智慧序列

《华杉讲透〈孙子兵法〉》
通俗通透解读经典战例，
逐字逐句讲透兵法原意！

《华杉讲透〈论语〉（全2册）》
逐字逐句讲透《论语》原意，带你重返孔子讲学现场！

《华杉讲透〈孟子〉》
逐字逐句讲透《孟子》原意，无需半点古文基础，
直抵2500年儒学源头！

《华杉讲透〈大学〉〈中庸〉》
不读《大学》，就摸不到儒学的大门；
不读《中庸》，就到不了儒学的高峰！
逐字逐句讲透《大学》《中庸》，由浅入深领悟儒家智慧！

《华杉讲透王阳明〈传习录〉》
逐字逐句讲透《传习录》，无需半点古文基础，
从源头读懂阳明心学。

《华杉讲透〈资治通鉴〉》
通篇大白话，拿起来你就放不下；
古人真智慧，说不定你一看就会。

《牢记〈孙子兵法〉口诀》
牢记99句《孙子兵法》口诀，你就能立人生于不败之地！